研学旅游新发展及案例探析

《研学旅游新发展及案例探析》编委会　编

国家图书馆出版社

图书在版编目(CIP)数据

研学旅游新发展及案例探析/《研学旅游新发展及案例探析》编委会编. —北京:国家图书馆出版社,2019.6

ISBN 978 -7 -5013 -6755 -9

Ⅰ.①研… Ⅱ.①研… Ⅲ.①文化—旅游业发展—研究—中国 Ⅳ.①F592.3

中国版本图书馆 CIP 数据核字(2019)第 086359 号

书　　名　研学旅游新发展及案例探析
著　　者　《研学旅游新发展及案例探析》编委会　编
责任编辑　张　颀
编辑助理　司领超
封面设计　程言工作室

出版发行　国家图书馆出版社(北京市西城区文津街 7 号　100034)
(原书目文献出版社　北京图书馆出版社)
010 -66114536　63802249　nlcpress@ nlc. cn(邮购)
网　　址　http://www. nlcpress. com
排　　版　凡华(北京)文化传播有限公司
印　　装　北京鲁汇荣彩印刷有限公司
版次印次　2019 年 6 月第 1 版　2019 年 6 月第 1 次印刷

开　　本　710 毫米 × 1000 毫米　1/16
印　　张　14
字　　数　220 千字
书　　号　ISBN 978 -7 -5013 -6755 -9
定　　价　72.00元

《研学旅游新发展及案例探析》编委会

主　编： 辛　璐

副主编： 张立朝　朱　莺

编　委（按姓氏笔画为序）：

卢　璐　刘　雅　刘羽冰　孙齐圣　李子日

赵国香　徐云平　高诗萌　蔡宇峰

序

2016年12月19日国家旅游局发布的《研学旅行服务规范》(LB/T 054—2016)文件中对研学旅行的概念明确界定如下:研学旅行(study travel)是以中小学生为主体对象,以集体旅行生活为载体,以提升学生素质为教学目的,依托旅游吸引物等社会资源,进行体验式教育和研究性学习的一种教育旅游活动。研学旅行,也被称为研学旅游,是以科学研究、技术开发、学术教育、科技展览、科普游乐等场所、科技含量较高的产业以及科学价值较大的自然环境为依托,以普及科学知识、宣传科学精神和体验科技魅力为目的而开展的集知识性、教育性、趣味性、娱乐性于一体的一种专项旅游活动。

研学旅游作为培育大众化旅游消费新热点的一项重要工作,得到各地积极响应。据国家旅游局发布的《2016中国旅游投资报告》显示,研学旅游产品被视作未来旅游投资的十大重要领域之一。2017年10月中国旅游研究院发布了《中国研学旅行发展报告》,报告显示由于旅游产业跨界融合速度的不断提高,素质教育的理念渐渐深入人心,国民对于研学旅游市场需求大大增加,未来中国研学旅游市场总体规模将超过千亿余元。2018年全国旅游工作会议提出优质旅游的发展目标,也将研学旅游纳入大力推进"旅游+"融合的产品业态发展重点,一系列政策导向引爆了研学旅游市场。

开展研学旅游是对《国家中长期教育改革规划发展纲要》的支持,是践行社会主义核心价值观的重要方式,也是拓宽文化旅游发展空间的重要措施。研学旅游的教育价值在于密切参与公众特别是青少年学生群体与生活的联系,促进青年人加深对自我、社会和自然的内在联系的认识,丰富社会公众的学习方式,促进青少年学生主体性的发展,塑造健全的人格。研学旅游让广大学生走出校门,走进博物馆、美术馆,游览自然风光,考察社会民情,瞻仰革命圣地,用眼睛去观察，用心灵去感受祖国大好河山，体会博大精深的华夏文明，增强学生的民族自尊心、自信心和自豪感。研学旅游有利于引导学生追求人生和社会的美好境界，形成完美的人格。发展以学生群体为主体的研学旅游市场对于中国高校教育模式的改革和新的教育理念的形成也会有很大帮助。研学旅游可以让高校大学生选择感兴趣的主题和内容，注重大学生对生活的实践感受和体验，强调大学生的实践探究，使之前局限于课堂的教学发生根本性的变化，丰富大学课堂的学习方式和思维方式。

我们欣喜地看到，国务院和教育部已经出台了推广研学旅游的相关政策和文件，对开展研学旅游的学校，政府给予适当的经费支持。教育主管部门和旅游行政主管部门联合交通、工业和信息化、水利、安全等行政管理部门协同建立研学旅游协调小组，财政部门设置专项旅游发展基金和奖励经费来扶持旅行社及教育机构开发研学旅游产品，同时将实施研学旅游纳入教育公平的重要环节；鼓励社会资本加入，给予旅游设计政策支持。从政府层面推动研学旅游发展，建立研学旅游规范，以行业标准来规范研学旅游操作流程，培养专门的研学旅游管理人才，保障研学旅游有序健康发展。但应该看到，我国虽然在国家层面提出了发展研学旅游的计划与倡议，但研学旅游发展的政策措施和具体实施办法尚未完全得到落实。各种教育机构、旅游企业和中介机构等均有涉足研学旅游市场，多数活动与行为处于无监管、无规范的状态。

图书馆与博物馆行业也在积极开展研学旅游活动，国家图书馆（国家典籍博物馆）从2016年起就在海淀区旅游发展委员会的支持下切实开展了许多亮点十足的研学旅游活动，在国内开展了体验性、规范化的研学旅游课堂与活动，并鼓励业界共同研究探讨研学旅游项目和产品的规范化设计。这本书就是以国家图书馆为核心的业界同人们对研学旅游的思考与探索，无论是张晓扬提出的多类知识融入研学旅游活动实现寓教于乐，刘雅总结的文旅融合下文化文物单位的应对措施，还是吕婷婷提出的提升图书馆利用趣味性和学习的积极性等，均能给今后的研学旅游从业者提供可供借鉴的经验。应该看到图书馆、博物馆等文化场所在培养青少年个人能力和综合素质等方面具备先天优势，这一优势在青少年爱国主义传统教育、国情教育等方面可以发挥巨大的作用。

2018年是研学旅游事业取得较大发展的一年，也是有关行业协力发展、共同提升研学旅游产品质量的一年，这些活动为后续的研学旅游事业发展打下了深厚的根基。展望未来，加强交流，众人拾薪，研学旅游的未来才更加可期。

北京林业大学

（王忠君）

2019年元月

目　录

前　言 ………………………………………………………………………………（ 1 ）

如何使研学旅行更充分发挥教育价值
——论研学旅行的课程目标设计 ………………………………… 张晓扬（ 1 ）

文旅融合　创新发展
——试析新形势下的图书馆研学旅游 ………………………… 吕婷婷（ 20 ）

文旅融合下文化文物单位的应对与探索
——以国家典籍博物馆为例 …………………………………… 刘　雅（ 28 ）

博物馆文化创意产品开发实践
——以中国铁道博物馆 3D 拼装纸模为例 ……………………… 马若泓（ 36 ）

研学导师基本素养及解读 ……………………… 聂逸梅　杨　招　耿　彤（ 45 ）

图书馆与游学
——基于“阅读之旅”项目的启示 ……………………………… 金　龙（ 55 ）

文旅融合时代图书馆休闲功能的价值表达与深化
……………………………………………………… 申军波　刘　涛　唐　玲（ 63 ）

研学旅游中博物馆的角色定位和人才培养 ………………………… 齐世峰（ 75 ）

民族血脉与传统文化的融合之旅
——试论“中国寻根之旅”夏令营中国戏曲学院戏曲营的传统文化
课程设置 ……………………………………………………… 张　阳（ 81 ）

阿坝州乡村振兴与文旅结合路径初探 …………………… 卞全琴　曾晓鸿（ 86 ）

基于馆校合作的研学旅游研究
——以国家典籍博物馆为例 …………………………………… 王晓丛（ 99 ）

论公共图书馆如何服务研学旅游
——以国家图书馆为例 …………………………………… 李菲菲(111)
中小学校开展研学旅行的研究 ………………… 张　森　索利刚　线　磊(117)
吟诵《论语》游学曲阜
——曲阜研学旅游新模式探究 ………………………………… 张晓文(125)
“研学”现状浅析及相关提升建议 ………………………………… 陶　珺(133)
公共图书馆文化旅游创意产品开发的研究
——以济南市图书馆为例 ………………… 席鹤洋　冯志辉　郭秀海(138)
关于国家典籍博物馆加强与旅游业融合发展的思考 …………… 齐　杰(145)
国家典籍博物馆综合实践课程的探索与实践 ……………………… 卫　春(150)
文化文物单位研学旅游研究 …………………………………… 谢玫玫(157)
基于风险社会理论的研学旅游安全研究 ………………………… 翟向坤(162)
文化旅游创意产品开发探究 …………………………………… 王艳贞(174)
浅谈三国文化背景下文化旅游创意产品的合理开发
——以许昌市三国文化旅游创意产品开发为例 ……………… 刘　冰(180)
探讨学生全面参与研学旅行活动的新途径 ……………………… 罗天纵(188)
新课改下的课堂教学与社会有效资源的融合利用
………………………………………………… 王丽霞　刘秀洪　靳利娜(191)
推开世界的门
——国家图书馆研学旅游初探 …………………… 王萌萌　黄伟杰(195)
研学旅行课程化的实践与思考 ………………… 索利刚　线　磊　张　森(201)

前　言

2018 年 3 月 13 日，文化部和国家旅游局职责整合，组建文化和旅游部，这一国家机构改革表明，“文旅融合”已成为切实发展方向，用文化的理念发展旅游、用旅游的方式传播文化的趋势将更加明显。

近年来，北京市海淀区一直致力于推动文化与旅游融合的研学旅游发展，并取得了巨大的进步。海淀区于 2016 年获得首批“中国研学旅游目的地”称号，在提升“自主创新核心区，魅力海淀科教游”的品牌效应和影响力的同时进一步推广海淀研学活动品牌，并支持开展研学旅游季系列活动。

海淀研学旅游季系列活动的主办单位是国家图书馆（国家典籍博物馆）。国家图书馆馆藏宏富，馆藏总量位居世界国家图书馆第七位，品类齐全，集精撷萃，年接待读者超过 500 万人次。2014 年位于国家图书馆南区的国家典籍博物馆正式开放，截至目前已举办近百场精品展览。国家典籍博物馆是全国中小学生研学实践教育基地、青少年传统文化教育基地，开展了“走进典籍博物馆大课堂”等丰富的社会教育活动和研学活动，致力于“让书写在古籍里的文字活起来”，让更多观众接受优秀传统文化熏陶。

为进一步整合全国的研学旅游资源和经验，更好地促进青少年增强民族自豪感和文化传承意识，创新性地为青少年打造更多优质文旅课程，在北京市海淀区旅游发展委员会的支持下，国家图书馆（国家典籍博物馆）主办了“文旅 · 融合 · 创新——首届海淀区研学旅游季”征文活动。

本次征文面向全国，投稿作者来自全国范围内的文化文物单位、学校、文旅机构、旅游企事业单位、旅游研究机构等，包括来自国家图书馆、吉林省图书馆、广西壮族自治区图书馆、郑州图书馆、济南市图书馆、许昌市图书馆、渤海大学图书馆、中国铁道博物馆、阿坝州博物馆、孔子博物馆等文化文物单位，南开大学、中国劳动关系学院、中国戏曲学院、北京理工大学、温州大学等高校,北京育才学校、北京市第171中学、北京实验学校、首都师范大学附属玉泉学校等中小学校,南京尤里卡时刻教育科技有限公司、北京世纪明德教育科技股份有限公司、河南旅游集团有限公司、中湘鑫盛教育科技有限公司等文旅机构。我们从中选取了优秀论文26篇,汇集成《研学旅游新发展及案例探析》一书,希望能让读者全面了解目前全国研学旅游的发展现状,并通过一些案例来探析研学旅游的规律以及眼下研学旅游的优缺点,从而探索研学旅游的未来发展方向。

编　者

2018年12月28日

如何使研学旅行更充分发挥教育价值

——论研学旅行的课程目标设计

张晓扬(南京尤里卡时刻教育科技有限公司)

2016年11月30日,教育部、国家发展改革委、公安部、财政部、交通运输部、文化部、食品药品监管总局、国家旅游局、保监会、共青团中央、中国铁路总公司等11部门联合推出《关于推进中小学生研学旅行的意见》(以下简称《意见》)①。一时间,许多教育机构、旅行社蜂拥而入,热闹非凡。

其实“研学旅行”对中国教育行业和旅游行业从业者并不陌生。综合实践课程早已出现在课程改革方案甚至是中小学课程表里,而学生家长也早已开始在假期为孩子报名各类主体(教育机构、旅行社、媒体等)组织的境内外、各领域游学。但作为我国第一部关于中小学研学旅行的高规格教育改革政策,它将研学旅行推到教育改革第一线,不仅吸引了众多供应方,学术界也开展了热烈讨论。

笔者曾求学于剑桥大学,硕士阶段和留英工作时的主要研究方向是英美博物馆教育实践。4年前开始与中小学以及教育机构合作,设计与实施中小学研学旅行项目,教学场景不仅有博物馆、科技馆、美术馆,也包括企业、社区、景区等。在积累了数万人次的一线经验后,笔者的思考聚焦在了研学旅行课程的目标设计和效果评估这两个方面。

与熟悉的校内以及教室内的教学相比,学校老师对研学旅行相对陌生,组织起来耗时耗力,现场还会有许多突发状况或“不可控因素”。但在笔者看来,如果一个研学旅行课程能有一套清晰的教育教学目标,那么组织的复杂性其实会降低不

① 《教育部等11部门关于推进中小学生研学旅行的意见》,教基一〔2016〕8号。

少;如果可以围绕目标设计评估方式,并根据评估方式对一线执行团队提出系统要求,那么一次次研学课程执行下来,就会逐渐形成一个经得起推敲的研学旅行课程体系。

本文中,笔者将结合自己的实践经验与见闻,基于对中英文论文和著作的阅读与思考,尝试提出研学旅行课程目标设计的思维方法。由于篇幅所限,关于效果评估将在结尾做简要分享。

从教育学角度对研学旅行的课程进行目标设计,是目前很少被探讨的领域;但笔者仍愿意冒险,抛砖引玉,希望可以有更多学者和实践者参与进来,帮助研学旅行这个被寄予厚望的领域尽快成熟起来。

一、没有明确课程目标设计的研学旅行存在诸多问题

研学旅行如果没有清晰的课程目标,就会出现不少问题。以下三类问题是笔者基于实践的总结。

(一)错把“知道”当“理解”

在研学旅行路线设计层面过多考虑了打卡经典旅游目的地,而忽略了围绕课程目标选择场馆。目前大多数研学旅行的课程设计,是由去哪些地方决定的。研学旅行目的地一般同时也是大众旅游热门地点,一定会存在普遍意义的“必去之处”。但研学旅行时间短(一般只有 3—6 天),人数多(基本上是数十人到数百人),管理挑战大(都是青少年和儿童),肯定无法像背包客那样灵活进行场馆转移和应变。但孩子们好不容易出去一次,无论家长还是老师,都希望可以多去一些所谓的经典之处;有的研学甚至还会在四五天里跑两个城市,每天跑 3 个点(这在笔者看来,就相当于塞给孩子三四本厚重的名著要求他们一周内读完)。但是,并非最经典的就一定要去,不少城市里一些游客相对较少的场景,从课程内容上而言是具有高度契合性的,可以替代那些热门的经典景点。同时,“路线丰满紧凑”与“学生收获大”并非线性相关。

在教学方法层面，在博物馆、人文历史类景区，常见的导览模式是“单向”讲解，即研学导师/讲解员讲，学生听，鲜有高质量对话，学生没有消化吸收和反刍信息的机会，听进去的故事很难说能否帮助学生拓展思维、形成智慧。然而，如果不“讲知识”，许多一线执行者就会担心本次研学旅行没能带给学生足够多的知识——这个发现来自笔者与许多一线导游和研学导师的对话，这个担忧的背后，其实就是没有明确目标，所以觉得什么都重要、什么都不能不讲。

（二）错将“乐趣”与“学习”对立

今年开始，笔者常被问的一个问题是：研学旅行中，玩和学到底应该如何分配时间？这大概是由于对研学旅行“游而不学”的批判声音很大，一线执行者们不得不做出调整。但笔者认为这是个伪问题，因为“玩的对立面不是学习，而是无聊”[1]。我们需要聚焦思考的是如何设计真正有乐趣的探究过程，而不是去想如何划分玩和学的时间，甚至用“自由玩耍的权力”作为学生专心学习的奖赏。

在操作层面，“让学生成长”有时让位于“让学生开心”。由于研学执行机构一般都希望能尽可能持续地开展业务，所以一线执行者普遍会担心“学生们不开心”，总是想方设法满足学生。学生喜欢动手操作，就安排手工环节；学生喜欢吃，就安排美食探索。然而，成长并非由开心组成，成长的过程中应有挫败后的及时总结和挑战中的不断突破。

（三）错用“服务”代替“锻炼”

五六年级的小学生已经去过了三四个国家，却仍旧无法包容不同于自己的文化习俗和生活习惯；八九岁的孩子经过几次旅行，却还无法洗干净自己的内衣和袜子，天气冷了不会主动加衣服，满身大汗了不会主动减衣服，和餐厅或酒店服务生提需求时习惯颐指气使……

上述是笔者对亲眼所见情况的描述，相信你读来也不会觉得陌生。笔者认为，这个现象是由诸多因素造成的。其中一个重要因素，就是参与者的观念。

家长对研学旅行的认知可能不够，对带队老师提出过多生活照顾上的要求；旅游业从业者具有非常到位的服务意识(这一点从服务行业视角看非常值得认可),在一些孩子可以独立完成的环节(比如帮忙背书包,不习惯当地餐饮就另外再点菜,等等)提供了及时服务;学生可能因为对研学旅行的认知是“出去玩”,而在接受课程挑战时(比如在博物馆理解一些自己兴趣之外的难点知识)表现出退缩甚至拒绝。

由于研学旅行的各方参与者对目标没有统一认知,很可能无法培养学生“自理自立”“多元文化包容力”“细节观察力”“人际相处”等很适合在研学旅行中培养的能力。

上述问题广泛存在。对于学校而言,能安排出一周左右课时开展研学旅行,需要管理层、老师、家长的多方努力和协调。如果无法带给孩子“足量”的成长,是非常可惜的。

有丰富课程经验的一线教师一定知道课程目标和评估方式的重要。但之所以研学旅行领域尚未出现普遍认可且操作性强的课程目标,一方面固然因为发展阶段尚处初期,一方面也是因为难度很大。在本质上,研学旅行属于非正式学习,在影响学习效果的诸多因素中,有不少看起来并不在课程设计者的掌控范围内。尽管如此,我们仍旧可以从最基础的逻辑探讨课程目标设计,以期对研学旅行建立更深入、更有效的研究框架。

二、研学旅行课程目标设计思维框架:泰勒的课程论带来的启发

2016年9月,《中国学生发展核心素养》(以下简称《核心素养》)研究成果在京发布①。目前,提到研学旅行和综合实践课程的目标,很多人会提到“核心素养”。在《意见》出台后,2017年11月,教育部又印发《中小学综合实践活动课程指导纲要》,包括研学旅行在内的综合实践活动成为中小学生必修课程。这使得更多一线教师开始关注研学旅行中如何实现核心素养的提升。笔者认为,理论

① 2016年9月13日,中国学生发展核心素养研究成果发布会在北京师范大学举行。

高度上《核心素养》已是国际水准,而在操作层面,则需要找到具体的实现路径。研学旅行课程就是非常好的实现载体。笔者认为,在明确大目标(即“核心素养”)的前提下,学校可以通过一次次研学旅行的打磨,结合本校情况制定课程目标体系。

拉尔夫·W.泰勒(Ralph W. Tyler)是现代课程理论的重要奠基者、科学化课程开发理论的集大成者,被誉为“当代教育评价之父”和“现代课程理论之父”。在其著作《课程与教学的基本原理》中,泰勒首要讨论的问题就是教育目标的设计[2]。他建议课程设计者基于如下几个方面的信息来设计课程目标:

①对学习者本身的了解;

②对当代校外生活的研究;

③学科专家对目标的建议;

④教育哲学;

⑤学习心理学的研究。

笔者在工作时阅读了泰勒的这本著作,它帮助笔者的团队厘清了目标设计的概念性框架。接下来,笔者将围绕五方面来具体阐述目前的思考。

如果用画一幅画来解释下文的写作思路,那么,笔者对“对学习者本身的了解”和“对当代校外生活的研究”这两方面的阐述是试图为研学旅行课程目标设计渲染一个恰当的底色;“专家对目标的建议”和“学习心理学的研究”这两部分探讨则希望分别从广度和深度这两个维度来勾勒目标设计的框架线条;对“教育哲学”的讨论,则试图提醒课程设计者,画面中每一笔线条的背后都有落笔者的思考,而这些思考,是带有价值观的选择。

(一)对学习者的理解:研学旅行的参与者是00后

研学旅行和所有其他课程一样,学生自身的投入度会在很大程度上影响学习效果的达成。Hadi 和 Harackkiewicz(2000)在其论述中总结,学生会自觉或不自觉地从以下3个方面衡量一段学习过程的价值[3]。

表1　学习过程价值表①

内在价值	个人兴趣	来自家庭、阅读经验等的个人兴趣
	情境兴趣	教学设计、互动方式、场馆生动程度等激发学生产生兴趣
工具价值	学生认识到这些任务能够与自己的日常生活和未来目标相联系	
实现价值	学生完成任务时能够确立个体的重要性	

近几十年来中国社会变化很大，这让教学者（以70后、80后、90后教师为主）和参与者（绝大多数是00后）在价值观、生活方式等各方面都有较大的不同。现在中小学生视野和阅历的丰富程度，很可能是他们的老师们在同样年龄时所无法想象的。我们需要更多地理解00后，才能设计出适合他们的研学旅行，为他们在过程中提供恰如其分的成长营养。在各类社会调查和报告中，笔者认为以下报告对研学旅行设计者会有较大帮助。

腾讯公司在经过半年多研究后，在2018年5月曾发布了《腾讯00后研究报告》[4]（以下简称《报告》）。该报告基于腾讯社交大数据，收集72位00后的网络日记，结合对24位00后的深度访谈，收集超过1.5万份调查问卷。采用定性与定量相结合、大数据与调研相结合的研究方式，从00后所处的经济、社会背景出发，对他们的价值观和消费态度一探究竟。研学旅行是一个综合性很强的学习过程，其中包括知识、技能、情感、态度等多层次、多维度内容的成长，这份群体实录是对00后在学习之外的其他维度记录，能帮助设计研学旅行教学目标。

比如，《报告》中提到，00后中的许多人早早明确自己的兴趣领域（就是表1"内在价值"中的"个人兴趣"），就算得不到原生家庭的帮助，他们中的73%会想方设法主动获取资源来发展自己的兴趣领域。这个特点对于研学旅行设计者的启发在于，如果在出发前一段时间成功激发起学生对某个领域、某个人物、某段历史的兴趣，再在旅行过程中设计"专家讲座""博物馆探索""街头采访"等多种形式的信息吸收渠道，那么哪怕组织者对学习过程不做太多控制，仍旧可以期待学生在旅行结束后收获多多。

再比如，《报告》中提到，"比起消费和事业，个人在某领域的深刻见解和成果

① 笔者根据Hadi和Harackkiewicz的论述总结而成。

更能代表自己”。笔者团队同事曾在上海航海博物馆采访一个刚刚结束研学课程的学生群体,老师问:“如果生活在几百年前,你希望去航海吗?”其中一位三年级女生这样表达:“我想！因为我想发现新的东西,这样就会让我有思考的能力;如果我有思考的能力,我就可以去想任何东西,扩散我的脑筋,这样我就变得更聪明。”(根据采访视频整理)这段话是对表1中“工具价值”的很好体现。

(二)对当代校外生活的研究:变化是关键词

泰勒在《课程与教学的基本原理》中这样写道:“从对当代生活的研究中获得教育目标,这种尝试的产生主要是由于工业革命和科学问世后,知识体系的发展突飞猛进,学校完成其承担的所有任务实有困难。”[5]当下世界正在经历巨变,这样的变化不亚于200多年前的工业革命。中国社会更是如此,各行各业都在经历变革。

《意见》要求“学校根据学段特点和地域特色,逐步建立小学阶段以乡土乡情为主、初中阶段以县情市情为主、高中阶段以省情国情为主的研学旅行活动课程体系”。想要构建一个完整而有生命力的综合实践课程体系,课程设计者需要在社区/县、市、省、国家、世界这5个层面上建立一套获取信息、整合认知的方法。这个方法所涉及的面非常广,也具有很强的地域性。

(三)学科专家对目标的建议:一个英国博物馆学习的研究框架

在研学旅行课程领域尚未出现教科书或者国家/区域层面得到认可的教学大纲,也没有“学科带头人”或“学科专家”,大家都在“摸着石头过河”。笔者认为英国莱斯特大学博物馆学的艾琳·胡博-格林希尔(Eilean Hooper-Greenhill)在LIRP项目(The Learning Impact Research Project)中提出的“五大学习结果”框架[6]可以为研学旅行的课程目标设计提供借鉴。

笔者认为,LIRP项目的研究方法和过程,使其研究结果具有较大的可借鉴性。该研究的重要目标之一是提供一套可行性强的博物馆学习目标,来衡量博物馆学习的有效性,从而为博物馆教育工作者、学校老师的工作以及政府经费的分配提供依据。该研究并不是自上而下的从哲学层面探讨,而是自下而上,对已经发生在博物馆里的学习进行研究,通过广泛而严谨地搜集文本视频、音频、数据等信息,再对信息进行定性和定量分析，从而得出博物馆学习目标。

首先，博物馆、美术馆、图书馆的一线教育人员和研究者对学习形成统一定义；其次，研究者设计小规模计划，在全英 15 家文化机构对“学习成果”进行调研，描述出了 5 个“被广泛认可的学习成果”（Generic Learning Outcome）；最后，一线执行人员和研究人员便开始按照既定方法来搜集研究数据。数据搜集的对象包括不同年龄的青少年和儿童，以及不同学科和有博物馆学习组织经验的一线教师。通过对这些对象进行直接或间接的访谈，并搜集学生探索后完成的图文、绘画作业，以进一步填充 5 个“学习成果”的具体内涵和细节逻辑。

这个项目的研究结果从两个维度展示了博物馆学习的目标，除了教师端的目标之外，还总结并呈现了学生端的总结——这是非常宝贵的一手信息。先来看基于教师反馈的总结，一线教师用大量实例证明了 5 个学习成果的可操作性，并为每一个学习成果扩展出了数个二级目标。

（1）享受、激励、创造力

①很喜欢这次探索

②喜欢这种学习方式

③产生了新的兴趣点

④希望学更多

⑤被激发出了一些有创造力的成果或思考

（2）理解和知识

①学科相关的事实知识

②跨学科、主题性的事实知识

③其他事实知识

④关于博物馆或展馆的信息

⑤关于家庭或更广阔世界的事实知识

（3）技能

①社会交往技能

②团队合作能力

③分析能力

④整合能力
⑤角色扮演能力
⑥同理心
⑦自我分析能力
⑧自我表达能力
⑨语言表达能力(包括描述性语言、提问语言、与成年人对话的语言)
⑩探究能力
⑪集中注意力的能力
⑫做出判断和选择的能力
⑬倾听能力
⑭观察能力
⑮临场应变能力
(4)态度与价值观
①关于展馆和博物馆的
②关于学习本身的
③关于学习者自身和自身能力的
④关于其他人和社会的
⑤其他
(5)行动、行为和成长
①学科相关的理解力
②更强的学习动力
③文化理解力
④更强的信心
⑤跨学科学习能力
⑥研学旅行作业完成情况

学生视角的数据搜集方法很有趣:研究者为孩子们提供了开放性的问卷,可写可画,最后收回有效问卷多达 56000 多份。孩子们在问卷中通过文字和绘画来表达自己从博物馆学习中感受到的成长。以下是研究者对学生反馈的描述性总结，引用的都是大多数学生会提及的语言。

(1)“整个旅行都很有启发性。”

(2)“我离开时,脑袋里满是东西(知识)。”

(3)“博物馆学习让我在社会能力上有所提升。”

(4)“我从来没觉得艺术是有趣和酷的,从现在开始我有点儿这么觉得了。”

(5)“当老师拿着(展品或实物)解释时,我理解了。”

尽管该研究是基于博物馆的场景,但它对研学旅行的课程目标设计有帮助,主要原因有二。第一,该报告的研究场景是“博物馆、美术馆、图书馆”,这些都是研学旅行重要也经常选择的场景。第二,策划精细的场馆和景区对于研学旅行而言具有相似性,比如,都具有较为完整的知识体系和参观路线,都集中而密集地讲述了某个事件、人物或区域特色。当然,由于博物馆课程较少涉及过夜、数日旅行等环节,所以该研究没有涉及与生活能力发展相关的部分。生活能力也是研学旅行目标的重要部分,但限于主题和篇幅,本文不加赘述。

(四)教育哲学:课程设计者都有自己的哲学,需要表达出来并认真讨论

当我们谈到研学旅行课程的目标设计,有个因素很容易被忽视,那就是课程设计者的知识结构与阅历背景。这一因素会促使他们针对同一件展品、同一个场馆做出不一样的目标设计。教育在本质上是改变人行为模式的过程(行为模式包括思维、情感、外显的行动),而教育目标是人们经过深思熟虑之后做出的价值判断和选择。

笔者曾经做过一个微调查:“一个 21 世纪的小孩子,看起来马上就要和 AI(人工智能)共处了,他们为什么需要了解 6000 年前的半坡文化? 为啥要知道半坡人是如何用骨针做衣服、用尖底瓶打水?”该问题是在设计西安研学时讨论的,西安有半坡博物馆,笔者把该问题发给了不同行业的数十个朋友,以下是各类回复中比较有代表性的观点:

一位企业高管妈妈:“半坡人发明骨针造成的影响不亚于AI对我们生活的影响;我们要激发孩子创造的意愿,培养他们创造的能力。”

一位户外教育工作者:“学习和掌握初级的原始的野外生存技能,以备不时之需。”

一位科普作者:“可以开启孩子的好奇,使其对考古学发生兴趣。”

一位文博工作者:“六千年前的人类遗存激发我内心的亲近感,告诉我我是怎么来的,AI虽然很炫却很冰冷,并没有情感上的联结。”

一位年轻语文教师:“不再拜服于古人智慧的我们,会成为这个星球上最自大的动物,一个自大、肤浅的社会要怎么进步呢?”

可以想象,如果上述朋友去设计这一研学旅行的课程,在展品选择、路线设计、互动方式上一定会有所不同。和科普作者持同样观点的人很可能会把重点放在考古发现过程上,从而在半坡遗址展厅里待上一段时间,而和企业高管同样观点的人也许会通过文物来引导孩子思考如何想办法解决生活中的难题。

(五)学习心理学的研究:研学旅行课程目标设计中的思维发展

哈佛大学教育学博士、教育评估专家格兰特·威金斯(Grant Wiggins)与美国马里兰州评估委员会的主任杰伊·麦克泰格(Jay McTighe)曾合著《追求理解的教学设计》一书。在其中,两位作者系统地阐述了如何围绕“理解”这个目标来反向设计教学过程。这本书的关键概念就是“理解”,作者将“理解”分为了6个方面[7]。

如上文分析,研学旅行的课程设计在复杂性上超过教室教学,而涉及各个景区、博物馆等的讲解成分很可能占据大部分时间,学生很可能在很多时候处在“信息过载”的状态。为了避免“游而不学”“学而不思”的现象,研学旅行的课程目标设计可以借鉴“理解六侧面”来设计目标。

“理解六侧面”分别为:

(1)解释:恰如其分地运用理论和图示,有见地、合理地说明事件和观点。(这是个……它有……的特点;这件事是这样发生的……)

(2)阐述:演绎、解说、转述,从而提供某种意义。(我认为它最……的是……)

(3)应用:在新的、不同的、现实的情境中应用所学。

(4)洞察:提出批判性的、富有洞察的观点。

(5)神入:感受到别人的情感和世界观的能力。

(6)自知:知道自己的思维模式和行为模式如何促进或者阻碍认知的发展。

“理解六侧面”可以帮助我们从思维发展的角度来构建研学旅行的课程目标,基于此制定的课程目标也可以有效指导教学实践。以笔者团队曾经多次实施的“寻找明清”一课为例。该课实施场馆在南京甘熙故居,这里同时也是南京民俗博物馆,其中展示了多项江苏省级、南京市级非物质文化遗产。尽管不少孩子在校内参加过类似“争当非遗小传人”的活动,但“非物质文化遗产”仍旧是一个宏大而抽象的概念。

课程实施者希望三、四年级的学生可以对非遗完成“解释”“阐述”“应用”这 3 个侧面的理解。所以,课程主要由以下 3 个环节组成:

环节一:通过捏泥人、毛笔制作这两个手艺来了解“非遗”。

环节二:将孩子通过抽签随机分成两队,各自通过抽签拿到一种非遗作品的图卡(分别是云锦和剪纸),然后以“南京周小小组织者”的身份,辩论哪一种非遗作品将代表南京文化走向世界。另外还有 1 名同学扮演裁判,最终由裁判来判定输赢。孩子们需要在现场为自己所代表的非遗作品寻找各种有用信息。

环节三:正式辩论。

那么,该课程的效果如何?

泰勒关于课程目标设计的五方面是一个概念性框架。进行了足够的思考后,课程设计者需要着手撰写具体的课程目标。以下 4 个步骤,是笔者和团队基于实践的总结:

第一步:明确即将开展的研学旅行课程和学生其他学习体验相比的特殊性。研学旅行和其他几类学习体验相比所具备的特殊性,正是需要在研学旅行过程中强调的——只有特色被不断强化,研学旅行才可以发挥尽可能大的价值。

第二步:细致分析本次研学旅行可能带来成长的环节。

第三步:基于路线初步规划研学课程。

第四步:结合核心素养、校本课程、学生学情等多方面因素,罗列希望达成的目标,然后将各类目标分为至少两个层次,构成目标体系,再填入适合的研学课程中。

三、研学旅行课程的效果评估

笔者认为,在确定了目的地和路线后,研学旅行课程设计首先应该从目标设计和效果评估开始。确定这两个模块后,具体的教学环节设计就会纲举目张。尽管效果评估是另一个研究主题,但它与课程目标设计的关联度很大,所以在本文最后,笔者希望用一些篇幅来讨论效果评估。

在上文提及的“寻访明清”课程中,对学生课堂进行了录音,转成文字如下:

红方(剪纸):我们这次调查的叫作剪纸。它的特点是很有秩序,粗中有细。它的优点是老百姓都能用,不像云锦,只有富贵人家才能买到。

蓝方(云锦):我们调查的叫云锦。它是国家第一次(批)非物质(文化)遗产。如果老百姓都能用,那还算什么“非(物质)文化遗产”呢?

老师:(讲解规则)

红方:非物质(文化)遗产是剪纸剪得很好,老百姓能用,才有人会做,才能传承啊。

蓝方:云锦用料考究,织工精细……(“什么意思,没有提出问题啊”)

红方:你们都用丝来做,抢夺了老百姓的丝绸。

蓝方:你们剪纸太容易复印(制)了,一点都不珍贵,那还叫什么非物质文化遗产?

红方:你们云锦老百姓用不上,那还有什么用处呢?

蓝方:你们纸太容易坏了,一撕就撕碎了啊。

红方:你们云锦也很容易坏啊!而且一个地方织不好,就要重来。耗时耗材耗人力！

蓝方：牛仔裤穿坏了还能用来做其他东西呢。所以云锦织错了还能织成其他图案吧！

红方：那就没人买了吧！

（裁判似乎一直在沉默中……后来开始主持秩序）

红方：全部都是机器做的，都没有什么乐趣！剪纸是民间的活动，哪怕很简单，都会是一件作品！

老师（引导方向）：裁判，你觉得到底是云锦更厉害，还是剪纸呢？

裁判：我觉得它们都很厉害……我觉得云锦胜出。

（剪纸组学生大叫“不行！”，一个学生还哭了。老师借机讲了讲如何面对输赢。）

可以看出，孩子通过自发辩论，涉及以下几个关于非遗的重要议题，其中任何一点展开来，都有故事可以说。而且这些最容易催生理解的关键议题，都是孩子为了让自己代言的非遗去南京周而讨论出来的。

①皇家（少数人）特权专用与老百姓都能消费和制作；

②机器制造与手工制作；

③为生活增添乐趣的物品耗费的资源多与耗费资源少；

④可复制性和珍贵之间的关系；

⑤本身质地的脆弱程度和珍贵之间的关系。

“寻访明清”这节课尽管没有书面作业，通过需要争输赢的辩论，充分激发了孩子对知识的探究和应用，并通过口头表达阐述出来。在笔者团队看来，是一次成功的课程实施。

在学习效果呈现方面，有一种学习被称为“内隐学习”，是指轻易获取复杂信息的学习（无须有意识地付出努力），并且获得的知识很难用语言表达出来[8]。内隐学习遍布多个领域，不光包括显性知识，还包括儿童对工具、行为以及习俗、礼仪等文化现象的学习和模仿。笔者认为，在研学旅行中大量存在这种内隐学习。这更需要课程设计者围绕课程目标，设计多元化的记录和评估手段——记录数据非常重要。

之所以特别提及“记录”，是因为可能需要探索很长一段时间，才能在大家的努力下研究出一套相对普适的研学旅行课程效果评估方法；在那之前，大量的一线实践数据记录无论对实践者还是研究者都将会是宝贵资料。

过去 4 年中，笔者团队主要在以下几个方面做了一些数据记录，下文中将给出一些案例。

（一）对过程的记录

1. 探究计划

在课程开始前首先引导学生以小组为单位对即将开始的课程展开想象，制定自己的探究话题。

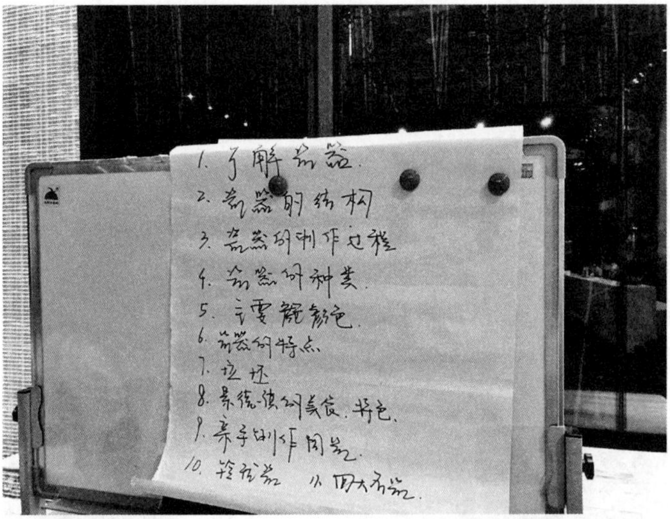

图 1　景德镇研学旅行开始前一天晚上，学生自主完成的“探究主题清单”

2. 视频访谈

在旅行结束前，通过视频形式记录学生的即时反馈。

限于格式，将以上海科技主题研学课程为例，给出老师在两个场馆课程结束后的采访话题（采访对方是三、四年级学生）。实践表明，这些问题可以有效反映出学生对知识的理解程度。

上海科技馆：

a. 你觉得今天了解到的最酷炫的科学知识是哪个？

b. 技术是人发明出来的，你觉得大自然在人类发明技术的过程中，起到什么作用？

上海航海博物馆：

a. 你觉得航海家是一群怎样的人？

b. 如果你生活在几百年前，你觉得自己会去航海吗？为什么？

c. 你觉得如果当时人们没有发明航海技术，没有发明很厉害的船只，没有航海路线，现在的世界会如何？（这个问题可能比较抽象，可以记录下多少孩子能听懂这个问题，并且回答）

3. 物化创造

部分课程的最后一个环节，会引导学生通过制作沙盘、地图等作业巩固认知、延展探究。

图2　南京明城墙研学课程中的模拟古代城市沙盘制作

(二)对结果的记录

1. 可视化图表(科学海报、Think Maps)

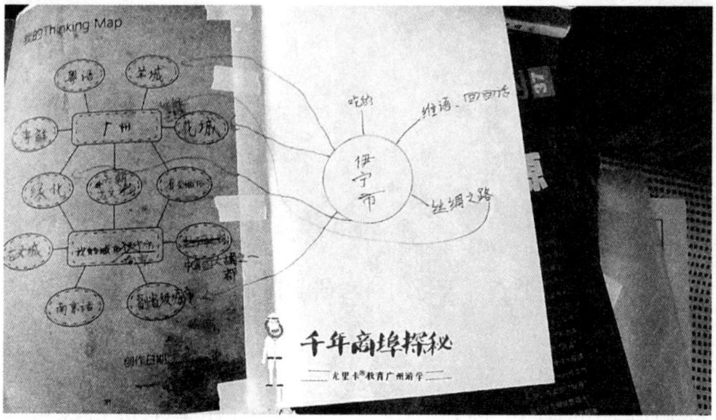

图3　学生制作的研学旅行 Thinking Map

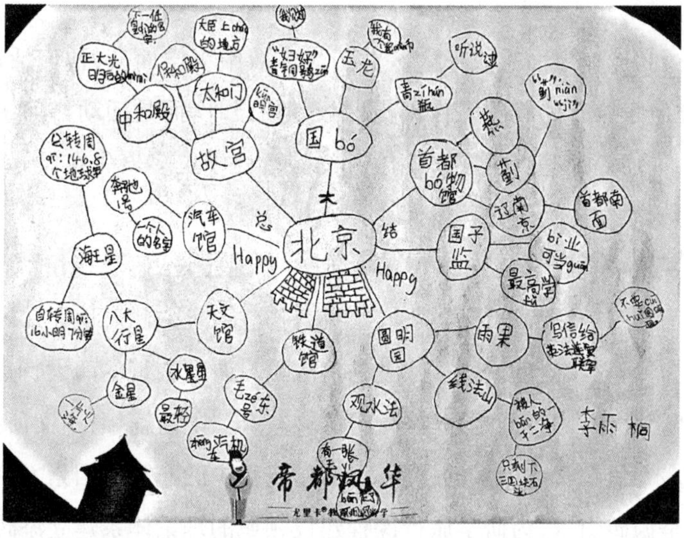

图4　北京研学旅行活动思维导图

2. 探索手札

笔者团队为每个课程配备探索手札(即学生用书),通过挑战来帮助学生及时记忆、梳理知识,并引导发现新问题。

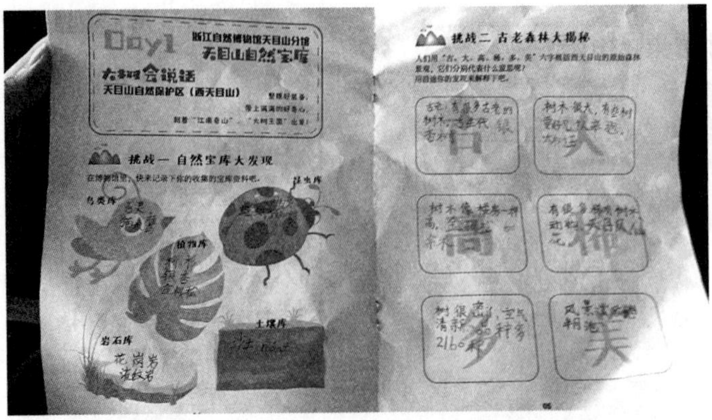

图5 天目山科考研学探索手札

3. 论文撰写

针对10岁和以上的学生，通过小论文的形式引导学生进行深度思考和有逻辑的表达。

研学旅行在操作层面挑战极大。对于大多数中小学而言，他们活动组织的经验不足，因此研学旅行的首要工作不是课程如何设计，而是活动如何组织、安全如何保障、费用如何筹措等。承接研学旅行的旅行社则更多聚焦在做好活动保障和活动服务，对于研学旅行的课程设计和实施并不擅长。

再放大视角来看研学旅行这个领域，研学基地建设、研学场馆（如博物馆）针对青少年儿童的系统课程设计与实施、馆校合作、法律法规等，均处发展初期。

笔者认为，研学旅行理论体系建立的挑战源自研学旅行的两大特点：组织上是多行业、多部门合作；内容上是跨学科、跨领域整合。限于篇幅，本文所探讨的课程目标设计更多聚焦在智力因素的发展，对研学旅行中的非智力因素发展尚未涉及。笔者的目的是抛砖引玉，为研学旅行课程建设领域的理论体系建立添砖加瓦。

参考文献：

[1] 麦戈尼格尔. 游戏改变世界[M]. 闾佳，译. 杭州：浙江人民出版社，2012：28.
[2] 泰勒. 课程与教学的基本原理[M]. 罗康，张阅，译. 北京：中国轻工业出版社，2014：3－63.
[3] HADI S，HARACKKIEWICZ J M. Motivating the academically unmotivated：a critical issue for the

21st century[J]. Review of educational research,2000,70(2):151 – 179.

[4] 腾讯社交洞察,腾讯用户研究与体验设计部. 腾讯 00 后研究报告[R/OL]. [2019 – 01 – 02]. https://wenku. baidu. com/view/7e52ba51492fb4daa58da0116c175f0e7cd 1192b. html.

[5] 泰勒. 课程与教学的基本原理[M]. 罗康,张阅,译. 北京:中国轻工业出版社,2014:16.

[6] HOOPER-GREENHILL E. Museums and education: purpose, pedagogy, performance [M]. London: Routledge Taylor & Francis Group,2007: 138 – 188.

[7] 威金斯,麦克泰格. 追求理解的教学设计[M]. 闫寒冰,宋雪莲,赖平,译. 上海:华东师范大学出版社,2017:92 – 117.

[8] 索耶. 剑桥学习科学手册[M]. 徐晓东,等,译. 北京:教育科学出版社,2017:24.

文旅融合　创新发展

——试析新形势下的图书馆研学旅游

吕婷婷(国家图书馆)

研学,英译为 Hands-on Inquiry Based Learning(HIBL),即探究性学习。简而言之,研学旅游(又名“研学旅行”)是在旅游体验中进行研究性学习。近年来,研学旅游受到国家层面的重视和推行。2012 年起,我国选取 8 个省(市、自治区)作为研学旅行试点,选取 12 个地区作为研学旅行试验区。2013 年,国务院办公厅印发《国民休闲旅游纲要(2013—2020)》提出“逐步推行中小学生研学旅行”。2014 年,《国务院关于促进旅游业改革发展的若干意见》提出“积极开展研学旅行”,将研学旅行纳入中小学生日常德育、美育、体育范畴,要求各地教育行政部门和中小学校根据学段特点和地域特色,建立小学、初中、高中多元化、系统性研学旅行课程体系。2016 年,教育部等 11 部门联合下发《关于推进中小学生研学旅行的意见》,研学旅行被“纳入中小学教育教学计划”,研学旅行被明确定义为:“由教育部门和学校有计划地组织安排,通过集体旅行、集中食宿方式开展的研究性学习和旅行体验相结合的校外教育活动,是学校教育和校外教育衔接的创新形式,是教育教学的重要内容,是综合实践育人的有效途径。”2017 年,《中小学综合实践活动课程指导纲要》提出包括研学旅行在内的综合实践活动是国家基础教育课程体系的重要组成部分。

研学旅游与我国古代“读万卷书,行万里路”的游学思想一脉相承。春秋战国时期,老子骑青牛出函谷关,游历四方。庄子热爱大自然,“独与天地精神往来”。孔子周游列国,记载孔子言行的《论语》中有“智者乐水,仁者乐山”的感叹,《论语》的形成也同这段游历密切相关。司马迁在游历中,收集口耳相传的第一手资料,以加深对历史人物和各地风俗民情的认知,为《史记》的写作奠定了坚实基础。“一生好入名山游”的李白在饱览山河之美的旅途中，创作出大量的经典诗篇。徐霞客以30年的游历见闻汇集成60余万字的著作《徐霞客游记》。

进入21世纪，随着国民经济飞速发展和人们生活水平日益提高，走马观花性质的“到此一游”已无法满足人们对休憩精神、涵养文化的旅行需求，用文化的理念发展旅游，在旅游中感受文化，文化和旅游的交融成为大势所趋。党的十九大报告提出，“中国特色社会主义进入新时代，我国社会主要矛盾已经转化为人民日益增长的美好生活需要和不平衡不充分的发展之间的矛盾。”作为满足公众需求的两大产业：文化和旅游，二者融合将有效提升国民素质，增强人民幸福感。图书馆作为国家公共文化服务的重要组成部分，肩负传承文明、服务社会的职责使命，兼具休闲娱乐、参观游览的景观功能，图书馆研学旅游越来越受到社会大众的热烈关注和普遍欢迎。

一、研学旅游的意义

中小学生是研学旅游的主体。学生们走入社会，在实践中获取知识、提升能力，实现德智体美全面发展。

（一）侧重实践，知行合一

研学旅游针对学生的实际需求和能力水平，围绕某一主题展开，让学生们带着问题在行进过程中去寻求解决答案，并形成学习总结，强调“感受”“体验”，活学活用，满足青少年求学求知的欲望，充分发挥实践育人作用，给他们提供施展才华的舞台。学生将书本知识和社会实践相结合，提升理论运用于实践的能力，完善原有知识结构，提升个人分析问题、解决问题的能力。同时，当今世界处于快速发展的阶段，知识更新速度较快，在研学旅游过程中，读“无字之书”，学生们及时获取尚未在书本中收录的第一手资料，快速补充并运用于实践，可以有效地解决实际问题。学生在课堂上学习理论知识，在研学旅游中从事实践活动，理论学习和社会实践优势互补，是素质教育的必然要求。

(二)交流合作,融入社会

现在的中小学生多为00后,生活在信息时代,对新事物的接受程度高,善于表达自己的观点。然多数为独生子女,缺乏与他人相处的经验,对社会融入不深。研学旅游是教育部门和学校组织的集体旅行,学生们离开家庭,开始集体生活。作为实践主体,他们需要学习如何与他人相处,学会从实际情况出发,分析问题、解决问题。在互相切磋、互帮互助中,增进了解、锤炼性格、拓宽视野、扩大交际,增强团队协作能力和人际交往能力,积累转变为社会人的经验。同时,学生在研学旅游过程中,独立地去应对问题、支配时间、适应环境,学会沟通表达,其独立人格得到体现。

学生有着较强的可塑性,研学旅游引导他们了解多样化的文化群体、涉猎多方面的社会面貌,体会不同阶层、理论、意见的差异性,帮助学生发现自我价值,找到爱好兴趣,学会正确地认识自己,感受到所学知识的价值和意义,获得内心的愉悦感,激发学生的学习热情,使他们的个人价值得到肯定和实现,进而规划人生目标,树立未来理想,找到自己愿意为之奋斗和努力的兴趣所在。

(三)践行社会主义核心价值观

研学旅游是提高素质、培育道德、提升社会责任感的有效途径。学生走出校园,体验祖国大好山河之美,领略深厚的文化历史底蕴,了解不同地域的世风民情,享受国家公共文化服务;与人民群众深入接触,了解国家的发展现状和人民的生活,有助于激发他们热爱祖国、热爱人民的思想感情,深化对中华传统文化的认识,增强民族自信心和荣誉感。研学旅游也加深了人们对当代中小学生的了解和认知,减少了社会成员之间的隔膜,重新焕发出互帮互助、共同进步的社会温情,有利于和谐社会的构建,形成文明向上的社会风气。

二、图书馆是研学旅游信息集散地

文化与旅游相融合,文化提升了旅游的品质和附加值,旅游成为提高国民综合素质的重要途径，文化旅游是对传统旅游的创新性发展。公共图书馆是社会文明进步的标志，是传播先进文化的重要阵地。作为知识的宝库和智慧的源泉，自产生之日起，图书馆便担负保存人类文化信息、服务社会大众的职责。图书馆文献资料收藏丰富，信息资源优势明显，收藏各类研学类书籍和电子数据，是出行决策的主导性因素，能准确及时地提供研学旅行相关信息，服务研学理论研究和开发创新。

研学旅游本身具有信息收集的特征，研学活动由研学者、研学目的地、研学媒介组成。在出发前，研学者需要收集大量信息，根据实际需求，经过筛选比较，选择目的地，制定出行计划。研学目的地要释放自身特色文化旅游信息，展示具备的研学旅游资源，吸引研学者前往。研学媒介在收集一个区域内研学者的需求、偏好，了解研学目的地自然景观和人文景观的同时，还需要收集交通、食宿等多方面服务信息，设计研学路线和产品，满足市场需求，规划未来发展方向，开拓研学旅游市场。图书馆作为重要的信息集散地，系统的旅游文献信息储备对研学旅游信息收集、研学旅游科研开发等有着重要的文献提供和信息支撑作用。

三、图书馆是研学旅游的目的地

图书馆具备多元化、立体式、全方位的研学旅游资源，其阅读体验、建筑造型、悠久历史、展览展陈等对以中小学生为主体的研学旅游对象有着强烈的吸引力。

（一）图书馆的阅读体验

设立之初，图书馆侧重于文献资源的收藏、保护、研究。随着时代发展和社会需求变化，图书馆的服务对象从专业研究人员转为社会公众，以提升国民整体素质、发挥社会教育功能为己任。现代社会发展迅速，知识更新速度加快，人们的求知欲越发旺盛，处于成长重要阶段的中小学生对知识的渴求尤其强烈。图书馆的阅读体验是学校教育的延伸，满足学生课本知识外的求知欲，实现学校教育和社会教育的有效接轨和互相补充。一本好书的潜移默化往往能改变孩子的一生。图书馆保存人类各个历史时期的活动资料，人们在图书馆里积累知识、增长见闻、提升能力、愉悦身心。

(二)图书馆的建筑造型

图书馆具有人文景观的属性特征,作为地域文化的标志性符号,图书馆的建筑造型在汲取传统文化元素,继承古代建筑思想的基础上,结合现代风格和地域的文化风貌,呈现出独特的文化内涵。以国家图书馆为例,馆区由古籍馆、新馆一期、新馆二期组成。古籍馆地处西城区文津街,建筑外观与周围的建筑风格一致,为红墙重檐的中国传统宫殿式结构。新馆坐落于海淀区高粱河畔,紫竹院公园旁。一期建筑主楼为双塔形高楼,采用双重檐构造,左右对称、高低错落;天然花岗岩石阶、汉白玉造型栏杆、灰色瓷砖外墙、孔雀蓝琉璃瓦屋顶,凸显庄严典雅风格。二期建筑楼体由基座、屋面、屋顶三部分组成,以玻璃为主的墙面设计,类似打开书本的屋顶钢架结构,搭配沉稳厚重的基座,开放式的中央大厅自下而上贯穿建筑,大楼内三个平面区环绕其中。国家图书馆的整体建筑风格端庄典雅,富有文化气息;选址注重交通便利、闹中取静;环境设计院中有景,景中有园,达到人与自然的和谐统一。读者读书学习的同时,还能在图书馆感受自然、欣赏建筑,感受地域风情,提高审美情趣,全方位地接受历史文化的熏陶。

(三)图书馆的悠久历史

我国图书馆事业的产生和发展离不开国家建设和社会进步,图书馆的历史蕴含着丰富的历史文化信息。同时,作为现代城市文明的缩影,图书馆反映着一个城市精神文明建设风貌。国家图书馆的发展历史便是如此。国家图书馆的前身是京师图书馆,1909 年经清学部奏请,京师图书馆获准筹建,缪荃孙为首任监督。中华民国成立后,京师图书馆被教育部接管,改名为国立京师图书馆。1928 年 7 月更名为国立北平图书馆。1931 年,文津街馆舍落成,成为北平图书馆新址。中华人民共和国成立后,更名为北京图书馆。1975 年,经周恩来总理提议,由国务院批准兴建北京图书馆新馆,1987 年,国家图书馆新馆一期落成;1998 年,更为现名国家图书馆。2008 年国家图书馆新馆二期工程暨国家数字图书馆工程竣工并投入使用。百余年的建馆历史,折射出我国近现代史的沧桑变幻,展现新中国对公共文化建设的重视投入。透过对图书馆历史的回顾,研学旅行将历史与现实结合,增加“现场感”和亲切感,枯燥的专业知识被转化为具体可感的生动形象,帮助中小学生加深对书本知识的理解和吸收。图书馆是城市文明的具体体现,是对外交流的重要窗口,其所拥有的深厚历史文化积淀是提升城市文明和区域文化旅游吸引力的重要因素。

(四)图书馆的展览展陈

古籍是中华优秀传统文化的重要载体,典籍展陈是国家民族文化的集中展示。2014年,国家典籍博物馆正式对公众免费开放,这是我国第一家典籍博物馆。国家典籍博物馆依托国家图书馆馆藏资源,致力于展示中华民族丰富的典籍文化和深厚的文化底蕴。在典籍博物馆里,这些承载中华文明发展进程的古代典籍逐次展出,让公众得以窥见我国五千年文化的深厚底蕴。从国家典籍博物馆的建设,到各省典籍博物馆的涌现,集中展现出图书馆研学资源可待挖掘的巨大潜能。依托馆藏资源举办各类展览是图书馆拓展服务社会功能,挖掘馆藏资源潜能,满足到馆读者需求,把握公共文化服务脉络的表现。

1. 深度挖掘馆藏资源

典籍博物馆的开放顺应发展大势,融合图书馆博物馆双重优势,实现资源共享共建,在合作发展中谋得共赢。典籍的展陈,依托图书馆馆藏资源,深度挖掘典籍文化特征,植根图书馆历史底蕴,讲述展品的入馆经历和文化背景,用高品位的文化旅游体验吸引中小学生。同时,充分发挥博物馆的社会功能,围绕某个或数个文化主题开发馆藏资源,迎合公众需求和特定节点,短时间内获得集中性的关注。根据需求,引入有吸引力的差异性资源进行创新升级,提高博物馆利用率,多渠道、多角度地对馆藏资源进行挖掘和诠释,吸引观众走入博物馆,去感受典籍魅力,接受传统文化熏陶。

2. 重视观众体验和参观诉求

传统展览一成不变的陈列方式无法满足信息时代观众需求。典籍博物馆运用先进的管理模式,“藏”“展”并重,研究、普及兼顾,重视观众参观体验,满足多元化需求,区分受众的差异性,激发观众参观兴趣,提升博物馆的利用率。

系统性的展览信息传播。展品是满足参观者观赏体验的核心要素。展览主题遴选、展览信息传播、展览展陈的路线设计、展品的摆放次序、展品的展板展签制作、观展过程中的讲解，参观后的交流或者讲座等，形成科学合理的观展信息传播系统，充分考虑参观者的文化需求和求知渴望，全方位展示藏品的多重魅力。

寓教于乐的参观体验。贴近大众生活，适应信息时代要求，采用现代化的技术手段，利用光影视听技术，静态展示和互动体验结合，开放性的动态陈列和互动性的亲身参与并用，改变观众被动接受状态，以人们喜闻乐见的形式呈现中华优秀传统文化，用通俗的语言传递专业内容。

服务配套设施齐全。电子触摸屏、视听影像资料在展厅中同步提供，帮助参观者进一步拓展相关文化信息。考虑大众需求，提升服务质量，除定时讲解外，根据预约，实行分众服务，对不同的观众群体提供差异化的讲解服务，激发观众心理和情感上的共鸣。

满足观众将“文化带回家”的欲望。图书馆的文化创意产品，蕴藏丰富的文化内涵和鲜明的文化创意，有着较高的文化附加值，是图书馆文化传播的渠道，也是图书馆社会教育职能的延伸。植根丰富馆藏，深挖文化特性，强调独特性、艺术性，提升文化产品市场竞争力，考量消费需求和消费水平，开发品种齐全、特色鲜明、价格多元的文创产品。

（五）图书馆的集群式发展

面对新时代、新发展、新要求，图书馆结合自身情况，打破传统阈限，实现从“以物为中心”向“以人为本”的管理思想转变，实现图书馆事业、博物馆事业、文化创意产业、社会服务事业综合集群式发展。

现代研学旅游倾向于综合集群式的文化旅游资源，要求目的地具备学习、参观、体验功能的同时，能提供休憩场所、娱乐设施、交流互动的空间等。以图书馆、博物馆为核心，设置报告厅、电影院、培训中心等文化活动设施，配以咖啡厅、宾馆等休闲场所，为到馆读者提供多元化、全方位的文化体验，兼及视听享受、互动交流、休闲娱乐及食宿行等生活需求。依托已有资源进行综合性创新开发，实现多种文化旅游资源业态的结合，多元化文化旅游经营模式，形成集群式的文化旅游综合体,深度挖掘社会公共文化资源服务社会公众,重视“图书馆 + 读者”“博物馆 + 参观者”的双重体验,体现现代图书馆对当前形势的适应和改变,更利于发挥图书馆“传承文明　服务社会”的社会职能。

“文化是旅游的灵魂,旅游是文化的重要载体”。2013 年 11 月,习近平在考察孔子研究院时指出,要对传统文化进行创造性转化、创新性发展,让收藏在禁宫里的文物、陈列在广阔大地上的遗产、书写在古籍里的文字都活起来。图书馆作为社会公共文化服务的重要一环,肩负着传承中华优秀传统文化,服务社会大众的神圣职责,图书馆的研学旅行有着自身不可替代的突出优势和重要意义。合理利用、深入挖掘图书馆研学旅游资源,有效发挥馆藏资源文献的文化潜能,将有效加速文旅融合,推进国家经济文化建设和国民综合素质提升。

参考文献:

[1] 于秀楠. 中小学生研学旅行活动课程的探索与研究[J]. 课程教育设计,2018(13):230.

[2] 樊启迪. 青少年研学旅游发展思考[J]. 旅游纵览(下半月),2018(6):211 – 212.

[3] 樊咏梅. 公共图书馆旅游服务策略研究[J]. 河北科技图苑,2016(1):26 – 28.

[4] 陈素平,梅雨晴. 近 20 年我国研学旅游研究综述[J]. 湖南工程学院学报(社会科学版),2017(3):16 – 21.

[5] 唐峰陵,黄付艳. 对图书馆旅游休闲功能的思考[J]. 图书馆,2010(6):92 – 94.

文旅融合下文化文物单位的应对与探索

——以国家典籍博物馆为例

刘雅(国家图书馆)

中国人自古以来就喜欢旅游,有众多诗文中出现过“旅游”,比如南朝梁沈约《悲哉行》:“旅游媚年春,年春媚游人。”唐王勃《涧底寒松赋》:“岁八月壬子旅游于蜀,寻茅溪之涧。”明文徵明《枕上闻雨有怀宜兴杭道卿》诗:“应有旅游人不寐,凄凉莫到小楼前。”历史上也出现过很多旅游达人,比如最早周游列国的孔子、七下西洋的郑和、几乎走遍唐朝疆域的“诗仙”李白以及有34年旅游经历并著有《徐霞客游记》的徐霞客等。

然而,从全球来看,现代旅游诞生于英国,英国旅游产业的收入在英国国民经济中排名仅次于化工和金融行业,它是怎么做到的呢?首先,英国形成了不同种族、不同宗教、多元文化和谐共生的文化现象,它的文学、建筑、艺术、景观、民俗等都体现着文化内涵。其次,英国善于挖掘利用旅游资源,它根据自身的旅游资源设计不同的产品组合,为游客提供多样化、差别化、特色化的旅游产品,满足游客的不同需求;又积极探索多样的旅游新业态,对文化资源进行保护、挖掘、传承与传播,通过赋予人们最佳的旅游体验,从而使英伦文化在全球得以广泛传播。英国在文化和旅游融合方面的探索及成功经验为我国提供了借鉴和参考。

一、我国文旅融合之路

高速增长的中国旅游业走的是一条以规模扩张为显著特征的粗放型发展模式,随着中国经济由高速增长阶段转向高质量增长阶段,这个模式的弊端日益凸显,主要体现在:旅游业主要以低层次的观光旅游为主;产业附加值不高、产值比重不大,行业间有的采取低价竞争,造成恶性循环;产品缺乏文化内涵、同质化严重、体验性不足,不能充分满足旅游者日益增长的精神文化需求,造成旅游产品供需不平衡;行业从业人员文化水平整体不高,服务标准不统一,规范化水平较低;产业资源要素分散,产业发展融合不足等等。这要求中国旅游业应更加注重提高质量,走内涵式旅游发展模式,迈向优质旅游发展时代。

早在2009年,文化部、国家旅游局共同发布《关于促进文化与旅游结合发展的指导意见》,提出“文化是旅游的灵魂,旅游是文化的重要载体。加强文化和旅游的深度结合,有助于推进文化体制改革,加快文化产业发展,促进旅游产业转型升级,满足人民群众的消费需求;有助于推动中华文化遗产的传承保护,扩大中华文化的影响,提升国家软实力,促进社会和谐发展。”[1] 2017年1月,中共中央办公厅、国务院办公厅在《关于实施中华优秀传统文化传承发展工程的意见》中,提出要把优秀传统文化融入生产生活,大力发展文化旅游,推动休闲生活与传统文化融合发展。2017年上半年,文化部先后出台了《文化部“十三五”时期文化发展改革规划》《文化部“十三五”时期文化产业发展规划》等文件,提到“到2020年,文化与旅游双向深度融合,促进休闲娱乐消费的作用更加明显,培育5—10个品牌效应突出的特色文化旅游功能区,支持建设一批有历史、地域、民族特色和文化内涵的旅游休闲街区、特色小(城)镇、旅游度假区,培育一批文化旅游精品和品牌”。正是在这些文旅融合政策的促进下,2016年国内旅游44.4亿人次,全年实现旅游总收入4.69万亿元,同比增长13.6%;2017年全国实现旅游总收入5.4万亿元,增长了15.1%。初步测算旅游业对GDP的综合贡献为9.13万亿元,占GDP总量的11.04%[2]。

2018年3月,文化部、国家旅游局合并为文化和旅游部,这标志着我国的文化事业、文化产业和旅游业进入全面融合发展的新阶段,不仅在理念上和产业上实现了更加彻底的推进,在国家宏观战略和政策制定以及管理机构设计上,也将进入全新的发展阶段。

二、文化文物单位开展文化旅游活动的优劣势

文化文物单位主要包括各级各类博物馆、美术馆、图书馆、文化馆、群众艺术馆、纪念馆、非物质文化遗产保护中心及其他文博单位等掌握各种形式文化资源的单位。文化文物单位馆藏的各类文化资源，是中华民族五千多年文明发展进程中创造的灿烂文化的重要组成部分。文化文物单位作为资源单位，在文化旅游工作中具有独特优势，但同时又存在一些劣势。

文化文物单位开展文化旅游活动具有得天独厚的优势。

1. 数量众多，仍处于增长的态势

我国文化文物单位数量众多，分布于全国各个省市。以博物馆为例，根据国家文物局2017年发布的统计数据，2016年度全国注册登记博物馆总数达到4873座，比2015年度增加了181座，保持稳定增长态势[3]。根据《博物馆事业中长期发展规划纲要（2011—2020年）》每25万人拥有1个博物馆的目标，到2020年博物馆数量将增加至5720个[4]。可见，这么多丰富的文化文物单位要是在文化旅游中充分调动起积极性，将可以提供更多丰富多彩、生动有趣的旅游产品。

2. 藏品丰富，是待挖掘的资源宝库

国家文物局公布数据显示，截至2017年，全国文物机构拥有文物藏品5096.32万件，比上年末增长14.4%，其中，博物馆文物藏品3938.32万件（套），占文物藏品总量的77.3%[5]。文化文物单位的每一件藏品都是历史的积淀，维系着一些人，承载着一个个生动的故事。这些藏品有着丰富的文化内涵，是待挖掘的资源宝库，能绽放出引人入胜的文化魅力，也能转化为经济收益。

3. 具有很好的专业性和公信力

文化文物单位属于国家单位，是“铁饭碗”，在吸引专业人员就业方面一直有着优势。同时，这些单位也为工作人员提供了较优越的工作环境和研究条件，工作人员能够“近水楼台先得月”，接触这些资源，掌握一手的数据，很好地开展研究工作。所以，这么多年来文化文物单位积累了不少专业人才，这些专业人才在专业领

域取得了一些成就。另外，对于普通观众来说，信赖文化文物单位甚过旅行社，文化文物单位在社会上具有较好的公信力和口碑，号召力较强。

但是文化文物单位也存在一些劣势。

1. 公益性与经营性的矛盾冲突

2003 年至 2012 年文化文物单位实行两分类改革，博物馆、图书馆、文化馆等文化文物单位均被列为公益一类单位。公益一类是指承担义务教育、基础性科研、公共文化、公共卫生及基层的基本医疗服务等基本公益服务，不能或不宜由市场配置资源的单位或机构。一方面，这些公益一类单位一般都是全额拨款事业单位，长期以来依赖财政拨款，免费向公众提供公共文化服务，即使有一些根据国家法律、法规和规章收取的事业性收费，也要按规定全额上缴国库或预算外资金财政专户，需要使用资金时，再由财政部门根据需要统筹安排核准后进行拨付；另一方面，公益一类单位的职能是依托财政资金，提供基本公共文化服务，而在开办企业、收入分配、奖励机制等方面有很多限制，对于其必要的或者可能的经营活动，也没有明确的界定和相关规定。

文化旅游活动主要是经营性活动，许多文化文物单位长期以来只谈“事业”不谈“产业”，只提“社会效益”不提“经济效益”，而且存在顾虑重重、市场敏锐性差等问题，不利于文化旅游活动的开展。

2. 观念的制约，人员的限制

这么多年来，文化文物单位在财政拨款下虽然收入不高，但把分内的基本公共文化服务做好就有一定的成就感和满足感了。开展文化旅游活动这些全新的业务，文化文物单位既没有现成的人员，因为目前的人员无论是数量上还是知识构成上都不足，必须要进行调整；也没有现成的经验可以照搬，都要摸着石头过河。还有，文化文物单位要承担经营活动的全部风险，包括经济风险、安全风险等，经营所得还必须全部上交，又没有适合的奖励和激励制度，没法调动工作人员的积极性。因此，很多文化文物单位宁愿不从事经营活动，也不要出错。

三、以国家典籍博物馆为例的文化文物单位的探索

根据文化文物单位的这些情况，国家出台了一系列政策来调动文化文物单位的积极性，这些政策给文化文物单位注了一针强心剂，一些文化文物单位也开始了积极的探索。国家典籍博物馆是2014年对外开放的国家级博物馆，依托于国家图书馆宏富的馆藏，展出了各种形式的典籍珍宝，自开馆以来在社会上产生了很好的社会效益。在文旅融合的背景下，积极响应国家政策，做出了有益探索，具体如下。

（一）梳理和开发资源，形成立体的课程体系

我国文化文物单位拥有丰富的宝贵的文化文物资源，如何让这些珍贵藏品“活化利用”，在传承优秀传统文化方面发挥积极作用，这是文化文物单位首先要考虑的问题。国家图书馆自从1909年建馆以来，积累了100多年的资源，绝对称得上“馆藏宏富”！截至2017年底，国家图书馆馆藏文献已达3700万余册（件），其中包括善本古籍34万余册（件）、金石拓片26万余件、甲骨35651片、敦煌遗书16000多号，此外还有古代舆图、少数民族文字典籍、名家手稿、西文善本等典藏珍品共计290多万册（件）。另外还有数字资源1603TB，其中自建数字资源1102TB，外购数据库达255个。这些馆藏资源是国家图书馆的财富和特色，是可供重复利用的资源，关键是如何让这些馆藏资源里的文字“活”起来。

国家典籍博物馆依托于这些馆藏，结合展览，主打“典籍”特色，从中提炼出文化核心，根据不同年龄的目标群体设计了一系列课程，比如核心课程“典籍发展史”，包括“汉字的产生发展”“典籍的产生与发展”“装帧形式的变化”“典籍的传播”等。作为世界上收藏甲骨最多的单位，国家典籍博物馆策划了甲骨文记忆展，并获得“2016年全国十大精品展”之一，策划了“说文解字”“神秘的甲骨”“墨韵拓甲骨”“考古挖掘”等课程，以及“商王的一天”等活动，从不同角度围绕甲骨相关知识进行提炼、整合，让观众能有全面立体的认识。在典籍装帧方面，我们把手工体验和授课结合起来，通过把自己动手做的雕版印刷、传拓、套印等的成品装订成蝴

蝶装、包背装、线装等，把自己做的书带回家。同时，我们结合青少年的学校课程，根据目前“大语文”的考试要求，利用《典籍文化简史》《从〈诗经〉到〈红楼梦〉——那些年我们读过的经典》《名家现代手稿》《永乐大典》等展览，开发设计了“丝绸之路上的诗歌”“《诗经》经典篇目赏析”“魏晋名士与古琴”等课程，以及“琴书诵读”“《永乐大典》知识竞赛”等活动，以展厅授课、情景剧表演、古琴配乐诗歌吟诵、知识竞赛、展厅寻宝等丰富多彩、生动活泼的活动形式，提高体验性与参与性，为青少年打造校外第二课堂。

（二）组建全国公共图书馆文化创意产品开发联盟

传播文化是文化文物单位的职责，而文创产品是文化的载体之一，也是文化软实力的一个体现，让文创产品扮演亿万万文化“信使”走向全国，走向世界，就是在传播中华文明。

在国家典籍博物馆成立前，国家图书馆就开始了文化创意产品的开发，不过数量不多，也没有重视经营，全国也有少数图书馆在开发文创产品，但国家图书馆相对来说处于领先的地位。国家典籍博物馆成立后，在文创产品的设计、开发、营销等方面都有了突飞猛进的进步。2016 年下半年，文化部、国家文物局确定了 154 家文化文物单位文化创意产品开发试点单位，其中有 37 家图书馆文创单位。2017 年 1 月，文化部、国家文物局联合通知督促试点单位承担起“先行先试”职责，鼓励支持试点单位开拓创新、大胆探索。在政策利好的情况下，37 家文创试点图书馆都想干出一番天地，但是他们仍然存在文创开发起步晚、规模小、专业人才少、缺乏经营经验等问题。在充分调研、了解了这些情况后，国家图书馆（国家典籍博物馆）牵头成立了“全国公共图书馆文化创意产品开发联盟”，它是由文化部公共文化司推动和指导，全国图书馆文创试点单位自愿参加的非营利性行业联盟，其职责主要有以下几个：组织力量开展国内外博物馆、图书馆、美术馆等文化文物单位文创开发调研及业务交流活动；探索和形成图书馆等文化文物单位文化创意产品研发及营销新模式；成为各成员的参谋助手，解读国家政策，在文化部领导下为成员制定合法、有利于文创发展的实施细则；积极争取财政、政策、税收等支持，打造国内图书馆文创发展有利环境；打造融合产品开发、经营等功能的“全国公共图书馆文化创意产品开发一体化平台”。文创联盟首批成员主要是纳入文化创意产品开发试点的全国公共图书馆，该联盟于2017年召开了第一次文创联盟大会，此后陆续还有新成员加入，2018年召开了第二次文创联盟大会。该联盟为全国图书馆迅速推进文化旅游工作起到了促进作用。

（三）既“引进来”又“走出去”，将自身优势资源与社会力量对接

文化文物单位以前习惯于“正襟危坐”，等着观众上门，所提供的服务固守成规且有很大的局限性。为了融入文旅融合的浪潮，国家典籍博物馆采取了“引进来”和“走出去”相结合的策略，积极开展与企业、社会组织等社会力量的合作。“引进来”主要是和一些文创企业、非遗组织、民间文化团体、旅游企业、研学机构等开展深度合作，涉及文创产品的开发、合作设计课程、共同组织活动、参观与体验等，让他们多角度、多层次、多用途地利用文化文物单位的文化资源。“走出去”则是主动地将文化文物单位的展览、文创产品、课程等推送给社区、学校、文化企业、其他事业单位等，为不同的群体提供多样化、特色化的文化产品或服务，进而实现弘扬优秀传统文化的目标。

（四）在研学游活动中崭露头角

研学旅行是研究性学习和旅行体验相结合的校外教育活动，它作为现代旅游领域中的一个新生事物，始于少数欧美发达国家，现在已经风靡全球，成为现代旅游一支不可忽视的力量。

海淀区2016年获得首批“中国研学旅游目的地”称号，国家典籍博物馆也成为其中的“一站”。2016年7月，在海淀区旅游委的支持下，国家典籍博物馆策划组织了海淀研学游之“悦读之旅”活动，整合国家图书馆南北区资源，结合展览打造了多个主题活动，内容丰富、形式活泼多样，目前已成功举办三年，受到了观众的好评。2017年，我们初步确定了通过利用全国文创联盟来开展研学游的方向，并于2017年、2018年开展了丰富多彩的研学游活动，与北外青少英语、国旅、三里河小学等机构开展了研学合作，2018年还主办了“首届海淀区研学旅游季活动”，积极探索研学旅游发展新道路。

因体制机制方面的限制,我国文化和旅游的产业融合与国外相比还有很大差距,文化文物单位应突破限制,进一步深入探索,充分挖掘各种资源的文化内涵,实现自身的文化价值。

参考文献:

[1] 文化部.国家旅游局关于促进文化与旅游结合发展的指导意见[EB/OL].(2009-09-15)[2019-01-11].http://www.gov.cn/zwgk/2009-09/15/content_1418269.htm.

[2] 2017年全国旅游工作会议[EB/OL].(2017-01-13)[2019-01-02].http://travel.people.com.cn/n1/2017/0113/c41570-29021629.html.

[3] 顾博.博物馆"高烧"建设的背后[J].中国艺术,2018(7):6.

[4] 2017年中国博物馆行业市场规模与预测[EB/OL].(2017-08-30)[2019-01-02].https://www.sohu.com/a/168265281_252291.

[5] 中国博物馆发展现状与趋势[EB/OL].(2018-08-21)[2019-01-11].http://www.sohu.com/a/249389182_99954125.

博物馆文化创意产品开发实践

——以中国铁道博物馆3D拼装纸模为例

马若泓(中国铁道博物馆社教部)

2016年5月,国务院办公厅转发了《文化部、国家发展改革委、财政部、国家文物局〈关于推动文化文物单位文化创意产品开发的若干意见〉的通知》[1],明确了博物馆要"深入挖掘文化资源的价值内涵和文化元素,广泛应用多种载体和表现形式,开发艺术性和实用性有机统一、适应现代生活需求的文化创意产品,满足多样化消费需求。结合构建中小学生利用博物馆学习的长效机制,开发符合青少年群体特点和教育需求的文化创意产品。"同年11月,国家文物局下发了《关于公布全国博物馆文化创意产品开发试点单位名单的通知》[2],遴选出92家单位作为全国博物馆文化创意产品开发首批试点单位。

作为全国92家文化创意产品开发试点单位之一,中国铁道博物馆利用自身优势资源,在实践中确立了符合自身特点的产品开发目标和开发模式,成功研发了一系列具有自主知识产权的文化创意产品,初步打通了自身文创研发—制作—销售环节中的闭环。在众多产品中,"中国火车发展系列""铁路老建筑系列"3D拼装纸模以其独特的文化内涵,较强的互动性、趣味性,可广泛应用于社教活动和研学课程等特点成为中国铁道博物馆的"明星产品"。此系列产品的开发实践也为铁路文化文物单位文化创意产品开发提供了有益经验。

一、中国铁道博物馆3D拼装纸模开发实践

(一)开发背景

2015年3月国务院签发《博物馆条例》后,“挖掘藏品内涵,与文化创意、旅游等产业相结合,开发衍生产品,增强博物馆发展能力”提到了博物馆的议事日程上来。当时,中国铁道博物馆在其下属的三个展馆中均设有博物馆商店,代销各类铁路特色产品。在代销某公司的3D火车拼图时,我们发现此款产品知识性和趣味性较强、携带方便、观众认可度高且投入少、利润空间较大。经过几次讨论,我们初步计划将其融入铁路文物元素,设计开发具有馆藏品特色以及自主知识产权的拼图产品。

(二)前期调研

前期调研是产品研发定位的重要依据。我们针对到馆参观的观众进行了六个月的问卷调查(表1),初步摸清了受众的年龄分布和购物需求。另外,由于中国铁道博物馆每年会接待大量义务教育阶段的学生,单纯的灌输式讲解已经不能满足校外教育的需求,因此亟须一款互动性强的教具。最终我们把3D拼装纸模的受众定位在4—18岁的学生;把产品设计定位为能在社会教育活动中使用的,体现互动性、趣味性的,融入我馆文物元素并体现铁路文化内涵的,价格在50元以下的产品。

表1　铁路文化产品调查表

关于铁路文化产品的调查

1. 您的性别________.

A. 男　　B. 女

2. 您的年龄________。

A. 小于18岁　　B. 18—35岁　　C. 35—50岁　　D. 50—65岁

E. 大于65岁

续表

3. 您购买博物馆文化产品的目的是________。 A. 自己用　　B. 作为礼物送领导或朋友 C. 给孩子或父母买　　D. 旅游纪念 E. 喜爱收集博物馆产品　　F. 好的产品引起兴趣 G. 其他________
4. 您最喜欢购买哪类文化产品________。 A. 书籍影音　　B. 模型类　　C. 文物仿制品　　D. 文具类 E. 文化创意品　　F. 玩具类　　G. 其他________
5. 您最看重文化产品的什么特质________。 A. 观赏性　　B. 实用性　　C. 有创意元素　　D. 包装精美 E. 质量可靠　　F. 其他________ 您可以承受的单件商品价格是________。 A. 50 元以内　　B. 51—200 元　　C. 201—500 元　　D. 501—1000 元 F. 1000 元以上
6. 您认为或曾经购买过的最好的一件博物馆文化产品是： ____

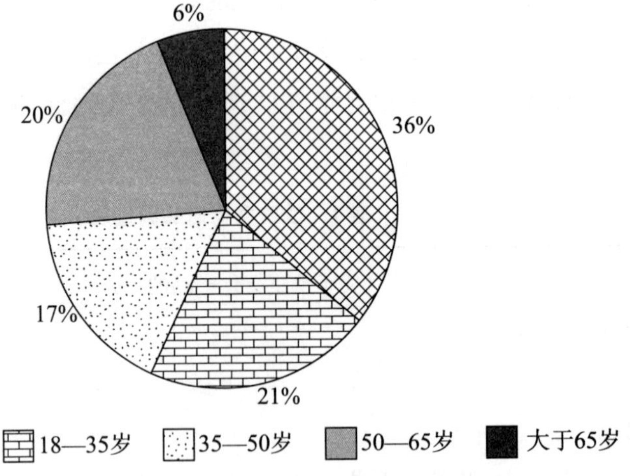

图 1　博物馆观众年龄调查结果

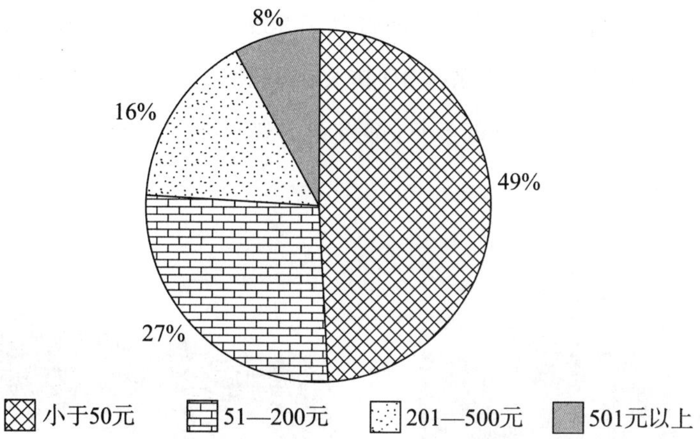

图2　博物馆商品单价调查结果

(三)元素筛选

中国铁道博物馆有三个各具特色的展馆,其中“正阳门展馆”位于天安门广场东南侧,是在具有百余年历史的原京奉铁路正阳门东车站旧址基础上改建而成,此车站还是北京市文物保护建筑。“东郊展馆”建筑面积20500平方米,拥有中国铁路不同时期、不同类型及制式的机车车辆130余台。“詹天佑纪念馆”位于世界著名的旅游景区八达岭长城北侧,是一座为纪念在我国近代铁路建设史上做出杰出贡献的爱国工程师詹天佑而建立的专题人物纪念馆。该馆与青龙桥车站、S2线同是京张铁路工业旅游线路上的重要内容。结合前期的观众调查,经过反复研讨,最后我们决定分别以“中国火车发展系列”和“铁路老建筑”为主题,将馆内具有特色的机车车辆和建筑元素融入产品设计之中。我们先后设计研发了蒸汽机车、内燃机车、电力机车、和谐号动车组、复兴号高速动车组、京奉铁路正阳门东车站、青龙桥车站等一系列具有铁路文化内涵和博物馆特色的文化创意产品。

(四)考察和生产

为了达成设计意图并确保产品安全环保达标,博物馆组成了调研组到生产厂家所在地进行考察,详细了解掌握供应商的资质、实力,以及产品设计、研发、生产、包装、运输等环节的内容。实地观看了设计生产流程,就开发意向、产品价格、生产周期等与供应商进行反复协商，第一批产品于开发意向确定后历经半年正式上市。此后三年我们又陆续开发了十余款3D拼装模型，不论是在博物馆商店销售，还是作为社会教育活动、研学课程的教具，都得到了观众和学生的一致好评，取得了社会效益和经济效益双丰收。

图4　前进型0001号蒸汽机车文物和3D纸模

图5　东风4型货运型内燃机车文物和3D纸模

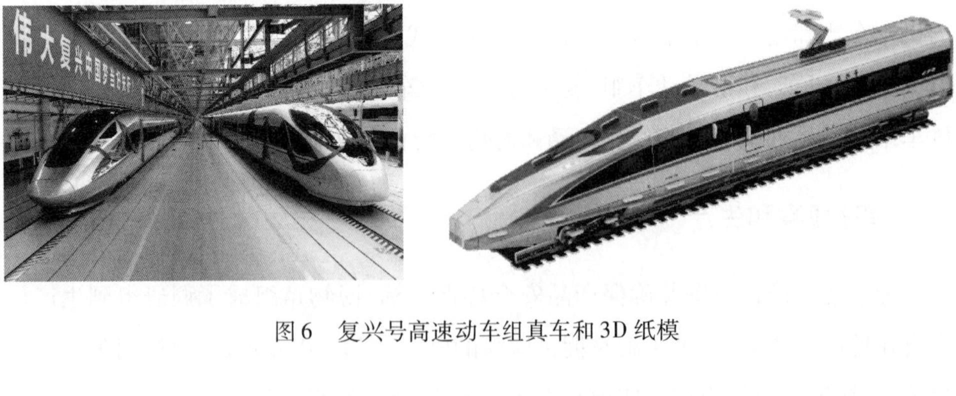

图6　复兴号高速动车组真车和3D纸模

图7　京奉铁路正阳门东车站(中国铁道博物馆正阳门展馆)3D纸膜

(五)应用和推广

2018年,中国铁道博物馆成为第一批全国中小学生研学实践教育基地之一。3D拼装纸模作为教具融入“铁博讲堂”研学项目中的80多场活动中,反响热烈。另外,各展馆开发的如“探寻火车的奥秘”“詹天佑与京张铁路”等一系列课程也融入了纸模拼装环节,增强了课程的互动性和吸引力。中国铁道博物馆还致力于在各类型的展览展示和科普活动中推荐文创产品,陆续参加了深圳文博会、北京文博会、博博会、全国科技周等大型展会和科普展览的文化创意产品展示环节。自第一批产品上市销售起,该系列产品在展馆商店、线上商店和各类展会中共销售3万余个。

图8　在2018年北展科学节、2018年深圳文博会推荐3D纸模型

(六)专利保护

随着3D拼装纸模系列产品在市场上的迅猛发展,专利保护工作迫在眉睫。2017年,博物馆为所有的3D拼装纸模产品申请了外观专利保护,产品的整体设计得到了知识产权保护。

二、关于文化创意产品开发的几点思考

(一)注重前期调研

由于博物馆的公益性特质,能用于文化创意产品开发的资金并不充裕,在实践中要提高开发效率,就要以观众调查数据作为产品设计研发的依据。调查既可采取传统的问卷形式,针对特定人群或目标产品进行有针对性的调查,又可在馆内采集参观者的购物停留时间、购买数据进行大数据分析。调查需重点关注观众对产品的兴趣点、引发兴趣的产品特质、购买行为中首要影响因素、价格承受能力等。通过调查了解观众的集中需求,使产品定位更加准确,并以此为依据完善博物馆文化产品各项特质,从而大大提高开发产品的成功率。

(二)做融入博物馆特色文化元素的产品

目前,大多数博物馆都在馆内设有商店售卖文化产品,但只有少数博物馆仅售卖使用自身特色文化元素开发的文化创意产品,博物馆代销商品的情况非常普遍。这些代销产品成本虽低,但与博物馆的特色联系较少,不能体现其独特的文化内涵,更不能帮助其提升影响力。有些博物馆售卖的商品质量低劣、环保不达标,给观众留下了不好的印象。2018年5月,为推动北京市文化文物单位文化创意产品开发试点工作,北京市文化局等8家相关部门联合印发了《关于推动北京市文化文物单位文化创意产品开发试点工作的实施意见》[3],意见中明确指出:“鼓励试点单位依托馆藏资源、形象品牌、陈列展览、主题活动和人才队伍等要素,采取合作、授权、独立开发等方式推进文化创意产品开发。”博物馆可以依据自身特点,选择合

作、授权或独立开发三种模式开展文化创意产品开发工作，但前提是要使用能体现自身文化的元素。各博物馆都应该逐步淘汰质量低劣的代销商品，用设计优美、制作精良、有较高的审美价值的产品取而代之。另外，产品开发要充分考虑融入知识性和趣味性，如能和社会教育活动或研学课程结合，则可以减少销售环节压力，扩大产品市场。

（三）把控好产品开发各个环节

一个产品从产生开发意向开始，要经历调研、设计、审核、生产、定价一系列环节才能进入市场进行销售。产品的设计要考虑是否融入了博物馆自身文化内涵，能否体现博物馆的特色和个性。一个文化产品是否能被批量生产，除了要考虑产品设计的审美价值和功能性外，还要从供应商资质、投资回报比例、销售渠道等方面进行全方位论证。在生产中要注重对质量和环保的监督，确保和初始设计相符。无论是采取合作、授权或独立开发哪种形式，博物馆主导的文化创意产品开发成本一般会高于代销产品的成本，但考虑到观众的承受能力和社会效益，定价也不宜过高。销售中要注意将特色产品摆放在醒目位置并利用微博、微信、网站等平台进行宣传，还要适时采用活动、节假日促销等策略促进销售。

（四）将产品进行知识产权保护

博物馆开发的每件文化创意产品都蕴含了集体的智慧和汗水，都应进行知识产权保护。一方面可以通过与供应商签订合同时对知识产权归属予以约束，另一方面要及时向知识产权管理部门申报。

参考文献：

［1］国务院办公厅. 国务院办公厅转发文化部等部门关于推动文化文物单位文化创意产品开发的若干意见的通知［EB/OL］.（2016－05－16）［2019－01－11］. http://www.gov.cn/zhengce/content/2016－05/16/content_5073722.htm.

［2］国家文物局. 关于公布全国博物馆文化创意产品开发试点单位名单的通知［EB/OL］.（2016－11－16）［2019－01－11］. http://www.sach.gov.cn/art/2016/11/16/art_1329_135048.html.

[3] 关于推动北京市文化文物单位文化创意产品开发试点工作的实施意见[EB/OL].(2018-06-11)[2019-01-11]. http://www.ce.cn/culture/gd/201806/11/t20180611_29400495.shtml.

研学导师基本素养及解读

聂逸梅　杨招　耿彤（北京世纪明德教育科技股份有限公司）

2016 年，在《教育部等 11 部门关于推进中小学生研学旅行的意见》印发后，"研学旅行"一词逐渐成为一个炙手可热的名词，山东、河南、北京各地政府也相应发布了与研学旅行相关的文件。在这一趋势的推动下，全国中小学迈出了研学旅行实际操作的第一步。开展研学旅行的学校主要有自行组织和与第三方机构合作两种操作方式。学校在自行组织的活动中，通常会成立专门研学小组，由学校各级领导及德育主任等教师进行前期调研、路线规划、资源计调，再由各班班主任及学科老师作为领队组织学生集体出行。第三方机构则以旅行社为代表，旅行社对现有的旅游产品路线进行包装加工成为针对学生的研学产品，由导游带领学生完成研学活动。在这两种形式下，学校老师与旅行社导游充当了研学导师的角色。"研学导师"是指在原国家旅游局发布的《研学旅行服务规范》中首次提出的名词。通常，研学导师是指在研学旅行过程中，具体制定或实施研学旅行教育方案，指导学生开展各类体验活动的专业人员。随着研学旅行的进一步专业化，必然催生专职研学导师这一职业，对研学导师的能力也进一步提出专业化、规范化的要求。

一、"研学导师"的定义

《关于推进中小学生研学旅行的意见》中对中小学生研学旅行的定义是：由教育部门和学校有计划地组织安排，通过集体旅行、集中食宿方式开展的研究性学习和旅行体验相结合的校外教育活动，是学校教育和校外教育衔接的创新形式；是教育教学的重要内容；是综合实践育人的有效途径。

关于研学导师，北京市十一学校曾在组织研学旅行活动的招标文件中提出："随行导师须有三年以上带队经历，且业务熟练，经验丰富，具备全面的游学场地所涉及的文化知识，有较强的组织沟通能力，能从容处理可能遇到的各种问题。"世纪明德研学智库也在讨论中指出，研学导师象征着知识和智慧，同时也是知识的传播者，是向参加研学的学生们传授知识和经验的重要角色，要兼备思想素养、道德素养、能力素养、知识素养、体力素养等。没有动力不想干；没有能力不会干；没有体力不能干；没有道德干不好；没有知识干不了。

研学导师应该是一个综合性、全能型的职业。研学导师必须具备导游的应变能力、拓展培训老师的控场能力、老师的授课能力、产品设计课程化的能力。课程的体系化要求研学导师必须有较强的综合能力[1]。

因此，笔者结合自身组织开展研学旅行的经验对"研学导师"做出如下定义：

研学导师是以中小学生为服务对象，在保证学生安全的前提下，以名胜古迹等各类研学基地为载体，以中国学生发展核心素养为指导，依托自身经验及知识积累，通过体验式教育、探究性学习的方式在研学旅行中引导学生全面发展的全方位导师。

在这个定义的基础上结合工作经验以及研学导师工作流程闭环进行梳理对各个流程中研学导师需要具备的基本素养进行探讨。

二、研学导师的基本素养

（一）研学导师的工作流程

一个合格的研学导师在组织研学旅行时首先应该从融入学生群体，了解学生群体的兴趣点，结合学校不同阶段校内教育的学科及课程内容，确定研学目标；根据确定的研学目标，设计研学课程方案内容，方案应包含符合课程目标的研学具体路线、行前注意事项、行中执行要点及安全防护、行中的课程落地研学任务、行中研学导师的指导关键点、行后的反馈评价体系等内容。在研学旅行结束后，应综合学生个体在团队研学过程中的表现及最后的成果予以多维度评价，对学生做出正向反馈，对不足之处进行引导记录，作为下一次研学旅行的参照及提高项，同时对自己在工作过程中的各个方面进行反思总结，发现短板，加强优势，为下一次研学旅行做准备。研学旅行组织工作的流程可见图1所示。

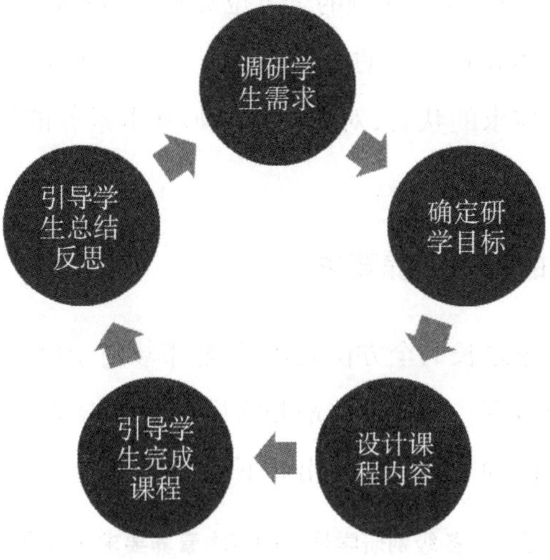

图1 研学旅行的工作流程

（二）目前研学导师群体的总体状况

目前，市场上研学导师的状况良莠不齐。一种常见的情况是以导游作为研学导师。导游的工作多侧重对旅游资源的安排和布置，对旅游景点进行讲解；而研学导师则需统筹教育、安全和旅游资源，其工作具有一定的创新性和开拓性，服务范围更广。导游的主要工作目的在于营利，会要求游客的购买力有所要求，其对于研学参与者的服务深度不够；而研学导师的主要工作目的在于教育，具有更丰富的职能和价值，对景点的开发程度深。导游的服务对象多为成年人，其在管理上更为容易；而研学导师所面对的人群主要是中小学生，管理难度加大，需要的综合素质更高。导游的接待模式相对来说比较固化，有统一标准；而研学导师的职能更丰富，需要有一定的随机应变能力，以便对不同阶段的学生进行分层管理和教育，模式不固定。另一种常见的情况是由教育行业工作者作为研学导师。教育行业工作者工作范围小，位置固定；而研学导师的工作内容增加了更多元的东西，需要带孩子进行体验。教育行业工作者的工作风险小;而研学导师需带领孩子进行户外活动,工作风险较大,对安全的掌控力度要求也更高。教育行业工作者对孩子开放性思维和实践锻炼的培养效果相对不明显;而研学导师的工作能够有效弥补这一短板。所以研学导师应该是“学”“游”兼顾的全方位导师,是负责活动组织、内容讲解、引导学生进行探究式和体验式学习的专业人员[2]。综上所述,市场上真正符合标准的研学导师处于供不应求的状态,对于研学导师基本素养的培训以及相关标准的制定迫在眉睫。

(三)研学导师的基本素养要求

研学导师是集各家之长的全方位人才,虽然市场对于研学导师的需求很大,但是研学导师的培养应该有一个标准的培养路径,参照国家对于导游的评定及要求,对于研学导师不同阶段的发展要求作出如下要求:

表1　各级别研学导师的基本素养要求一览表

基本素养	初级研学导师	中级研学导师	高级研学导师
乐学善用	基本了解政策和学生需求	可以专注于国家政策,结合中小学生发展核心素养设置匹配的研学课程	能够及时捕捉行业动态,对研学政策把握准确;并根据自身经验积累,对国家研学旅行政策制定能提出更切实可行的意见建议
适应教育	熟悉校内课程体系及学校对于研学旅行的要求	在课程设计中落实学校特定需求,并且能与校内课程建立紧密关联	根据校内课程体系及学校学情,定制不同学校长期研学旅行体系,形成匹配校内各阶段课程的系统体系
安全保护	针对不同行程能给予相应的安全提示,妥善处理研学中的安全问题	可以提前消除行程中的安全隐患并做好相关预防措施,主动培养学生的安全意识	在研学旅行中能够引导学生主动发现生活的安全隐患,指导学生应该如何应对安全事故,明确安全教育的重要性

续表

基本素养	初级研学导师	中级研学导师	高级研学导师
正向引导	举止文明，谈吐得当，礼貌待人，在研学旅行过程中不会造成负面影响	在研学课程中设置正向引导型研学任务，让学生体验正能量行为，在自身体验的过程中达到正向引导的目的	在研学过程中的不同场景均可以进行规范礼仪教学，如餐桌礼仪、候场礼仪等
团队掌控	能够组织团队有序完成研学活动，保障行程顺畅	主动调动团队氛围，提高团队积极性和参与度，培养团队的合作意识	培养团队自主意识，主动制定团队公约并能引导团队遵守；加深团队自我驱动意识，互相监督，为团队利益最大化做贡献
教育统筹	根据既定研学方案完整执行研学课程	在执行研学方案基础上联系研学资源及校内课程进行深入讲解并设计切题的研学任务	针对特定研学资源，可以对学生进行全学科讲解及课程任务设置
心理调节	关注团体的心理发展动向，及时疏导团体负面情绪	可以发现团队中个体的心理问题并进行预防和疏导	在研学过程中预防心理问题，结合青少年心智发展规律进行全面引导；对团队及个体的后续心理波动变化做出预判及追踪
总结反思	可以对研学旅行中同学们的各自表现进行简单评价	可以结合研学旅行的整体情况进行多维度的细致评价并提出后续改进意见	能够结合学生研学旅行前后变化及研学旅行中的表现做出系统的分析；结合分析结果中优势与不足的部分提出后续学校教育及研学旅行的侧重点；对自己在过程中的不足进行反思并提出改善方案

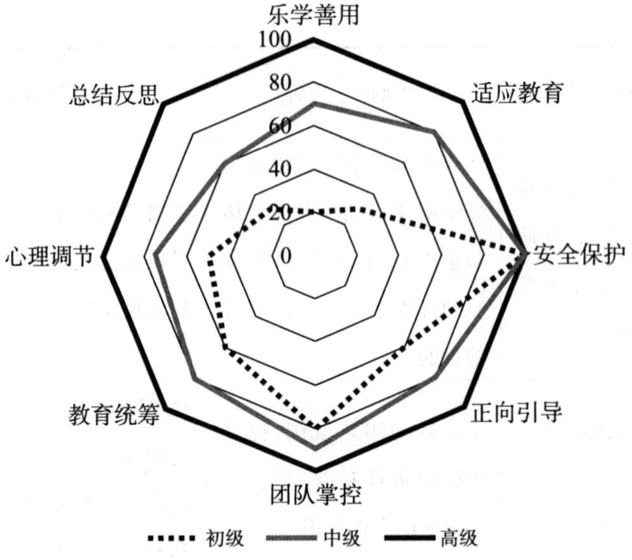

图 2　分阶段研学导师基本素养图示

三、研学导师基本素养在研学过程中的体现

对于研学导师基本素养的要求可根据工作流程进行分别阐述。通常将工作流程分为以下三个阶段:研学旅行前、研学旅行中、研学旅行后。三个阶段中研学导师工作侧重点不同,所以相应要求的基本素养也不尽相同。

(一)研学旅行前

研学旅行前研学导师的主要工作为自我充实及工作的前期准备,所以这一阶段对研学导师基本素养的要求侧重于乐学善用及适应教育两个方面。

乐学善用。研学旅行前研学导师的主要工作是调研学校的需求和课程目标以确定课程方案设计。一般而言,研学导师要根据研学课程要求,创设研学情境,要善于在研学旅行过程中,巧妙地将研学旅行内容、旅行知识、人生智慧等元素融入到课程体系之中[3]。在这一过程中要求研学导师能够根据国家研学旅行的政策指导意见，完整准确调研学生在研学旅行中可接受的学习模式和感兴趣的学习内容，调研学校对研学旅行内容及过程的具体要求及合理建议；同时要熟悉中国学生发展核心素养及学校的教学目标，了解中小学生不同年龄段发展所必需的课程内容，根据学校、年级的不同展开调研，从而有针对性地设置研学目标。

适应教育。在掌握需求后能够根据工作目标，规划研学旅行目的地、路线、配套的衣食住行，将需求融入研学路线，结合教材及研学目标设计与教学主题、学生发展目标相匹配的研学旅行课程，将研学目的地及相关主题课程化，在课程中设置恰当的研学任务。例如研学群体为河北省某小学四年级学生，他们更喜欢动手操作的课程，课程目标为培养民族自豪感，则可以设计参观赵州桥及周边的短途研学线路，巩固语文课本《赵州桥》的内容，实地参访赵州桥并聆听讲解，了解赵州桥的历史和价值，同时可设计一些桥梁模型搭建的课程任务，扩展桥梁相关知识，认识我国各个时期不同特点的桥梁建筑。

（二）研学旅行中

研学旅行中是整个研学旅行的核心部分，也是学生真正投入学习，与研学导师全面接触的环节，这个过程中对于研学导师的综合素质提出了很高的要求。综合各方面要求，可以将研学旅行中研学导师的基本素养归为安全保护、正向引导、团队掌控、教育统筹、心理调节五个方面。

安全保护。无论是学校还是学生家长，在研学旅行进行中，关注的首要内容一定是学生的安全。所以研学导师在研学过程中需要主动培养学生安全意识，能够察觉行程中潜在的安全隐患并尽可能排除；有一定的医学常识，可以处理常见的发热、晕车等状况；在遇到突发状况、安全意外时能冷静妥善处理。研学导师应该弥补学校教师带队时在这方面存在的不足。在规避安全风险的同时教育学生学会自我保护，树立安全意识，这样才能真正达到研学的目的，发挥研学导师的作用。

正向引导。10—16 岁的青少年是研学旅行的主体人群，同时这个年龄段也是青少年世界观、价值观、人生观形成的重要阶段。在研学旅行中，离开学校，直接接触社会的方方面面，研学导师在研学旅行过程中的引导和言传身教就会成为学生学习的第一规范。所以于研学导师自身而言，必须掌握各方面的基本礼仪和文明规范，在举手投足中对学生进行言传身教，以积极乐观心态向学生传递正能量，如在食堂打饭时按秩序排队、向打饭的阿姨道谢、吃完饭主动回收餐盘等；同时，研学导师也应该掌握包含正面管教技巧在内的教学方式，在研学旅行过程中引导学生热爱国家，热爱生活，树立正确的的世界观、人生观和价值观，例如学生在研学旅行中由于个人矛盾发生冲突，研学导师除应及时制止外，更应该引导学生认识自身的错误，以积极维护团队的团结。

团队掌控。离开校园家庭的约束，在集体研学旅行中如何保证行程的顺利进行，如何保证学生积极参与集体研学活动也是研学导师的必修课之一。研学导师应具备管理及带领学生团队的基本能力，如在景点的路线引导，在研学旅行过程中的纪律约束。另外，团队掌控也不能仅局限于教师权威性约束的形式，在研学旅行中，管理形式需要创新，不应局限于老师或导游带队，应更多地激发学生的领导意识并培养其领导能力。学生通过竞选的方式获得领队资格[4]。以班级或者小组为核心团队，自我约束，集体讨论形成组内公约，并应用于研学旅行全程，回归学校后依旧可以利用研学旅行中的自我管理方法，形成团队互助自治模式，最终达到素质教育的目的。

教育统筹。研学导师应该是学生学习的同伴和共同促进者，研学导师应具备旅行艺术家的特质，能够在复杂环境中敏锐观察，对事物进行百科全书式的快速链接，以自身良好的修养和审美情趣投入研学旅行这一创造性事业当中[5]。在研学旅行过程中，根据课程目标，结合课程内容，对研学目的地进行深入讲解。讲解内容应与研学主题紧密联系但是又不局限于此。研学导师还需要成为项目任务的合作者、学习动机的激发者、研学方法的指导者、研学进程的促进者[6]。在研学旅行中设置能够激发学生探索兴趣的任务，综合学习内容，匹配不同年龄学生的特点，不预设标准答案，通过引导学生在任务完成过程中发散思维，探索方法，培养动手能力，促进学生学习。

心理调节。在研学旅行过程中，面对的是相对学校而言较复杂的社会环境，在这种情况下，隐藏的不满和矛盾冲突更容易爆发及激化，所以研学导师需要运用心理学知识，关注团队整体的同时有针对性地引导个人；不仅要保证团体心理波动的正常走向，还要关注个体以避免过激行为出现，及时疏导心理问题，引导青少年心理健康成长。熟练掌握体验式教育的核心要点及操作技巧也是研学导师基本素养的要求，设置品格教育任务，引导学生自我学习的同时学会融入集体，树立研学自信[7]。在心理问题的萌芽阶段就能及时发现并给予正确的指导。

(三)研学旅行后

这一阶段关于研究导师基本素养的要求主要是总结反思。总结反思：研学旅行完成后的总结反思是最容易被忽略或者轻视的部分，但是只有学会总结，在总结的基础上反思不足才能获得成长，才能对整体研学活动有一个系统的认知。作为研学导师，在研学活动结束后，不仅需要自我总结反思研学过程中的亮点与不足，还需要能够对学生进行协助，帮助学生对研学旅行考察所获得的数据、资料、图片进行整理分析，得出研究结论、形成成果并展示交流，让学生学有所获、学有所思；在自我总结之后，结合学生总结，对学生提出个性化指导反馈[8]。

从历史的角度来说，研学旅行以及研学导师的出现是我国教育史上的一个重要事件，标志着我们国家素质实践教育的迅猛发展，正在逐步完成从传统课堂教育到实践教育的转变。于社会而言，一方面，研学导师行业的兴起为社会提供了新的工作岗位，在吸纳劳动力和促进传统旅游行业和教育行业转型上具有突出意义；另一方面，推动大众对教育认识的转变，有助于传播实践教育的理念，真正为孩子认识世界开启了一扇属于他们自己的大门。对于研学导师基本素养的标准制定是市场发展的必然要求，需要社会各界更加积极地探索讨论，一起为我国素质教育的进步助力。

参考文献：

[1] 研学导师未来市场如何？哪些导师证具有权威性[EB/OL].(2017-12-27)[2019-01-11].http://k.sina.com.cn/article_5901594845_15fc330dd0010029d7.html.

[2][3] 陆庆祥，程迟.研学旅行的理论基础与实施策略研究[D].武汉：湖北理工学院，2017.

[4] 梁姝，徐绍永.行走在路上的“课堂”——研学旅行策略初探[J].教书育人，2018(8)：18-21.

[5] 刘璐，曾素林.国外中小学研学旅行课程实施的模式、特点及启示[J].课程・教材・教法，

2018(4):136－140.

[6] 沈旎.让知识连接真实的世界——写给研学旅行指导老师的话[J].今日教育,2018(1):52－55.

[7] 李月月.研学旅行中指导教师的角色定位——以北京研学组为例[J].教育科学论坛,2018(8):50－53.

[8] 刘静.中学生研学旅行项目研究的关键问题和指导策略[J].教育科学论坛,2018(8):72－77.

图书馆与游学

——基于“阅读之旅”项目的启示

金龙(国家图书馆)

游学,或称研学旅游、研学旅行,即“读万卷书,行万里路”的过程,它是一种教育方式,也是一种阅读方式。游学既不是单纯的旅游也不是纯粹的学习,它的内容贯穿了学习、观摩、交流和游览,介于“游”与“学”之间,同时又融合了“游”与“学”。它将游学者置于一种主动探究、解决问题的学习状态,实现知识的拓展和补充,引领游学者体验生活,增长见识,发展能力。古人早已认识到游学的求知功能,所谓“不登峻岭,不知天之高;不瞰深谷,不知地之厚;不游六艺,不知智之深”[1]。我国游学的发端虽无明确年代可考,但可以明确的是,在春秋时期已形成风气,孔子、孟子、庄子、荀子、墨子、韩非子等人都是当时著名的“游士”。之后历朝历代都有游学的实践者,例如屈原、郦道元、玄奘、李时珍、徐霞客等。游学在我国历史上为培养人才、平衡教育资源、加强地区间及国家间的教育交流与合作发挥了重要作用。

现代意义上的游学继承和发展了我国传统游学的教育理念和人文精神。正如《亲爱的安德烈》一书中所言:“上一百堂美学的课,不如让孩子自己在大自然里行走一天;教一百个钟点的建筑设计,不如让学生去触摸几个古老的城市;讲一百次文学写作的技巧,不如让写作者在市场里头弄脏自己的裤脚。玩,可以说是天地之间学问的根本。”[2]游学重在“知行合一”,陶行知先生在对“知行合一”的深入认识和继承发展上创立了生活教育理论,他认为:“从生活与教育的关系上说,是生活决定教育。从效力上说,教育要通过生活才能发出力量而成为真正的教育。”[3]在文旅融合的时代背景下,图书馆出于自身社会教育的职能,将游学纳入到阅读推广的范畴中,对于游学的发展起到了很好的推动作用。

一、国家图书馆“阅读之旅”项目

图1 “阅读之旅·北京中轴线”活动中朱祖希先生为读者做导读

国家图书馆“阅读之旅”项目始于2011年4月23日即第16个“世界读书日”。在当天举办的“阅读之旅·北京中轴线”活动中，著名地理历史学家、北京地理学会副理事长朱祖希先生带领30位读者，沿着永定门到鼓楼7.8公里的“北京中轴线”，探寻中国传统文化的深刻内涵，体味古都北京的无穷魅力。

活动的参与者大多是从之前国家图书馆举办的“北京中轴线的形成及其历史文化渊源”讲座上招募的读者，因此已经通过讲座储备了相关知识。参与者中既有两岁的小朋友，也有78岁的老人，各个年龄段皆有覆盖。朱祖希先生一路为大家深入讲解了永定门、天坛、正阳门、故宫、景山、钟鼓楼的历史文化知识，并登上鼓楼眺望中轴线，加强了大家对于北京中轴线的宏观认识。行程结束后在鼓楼附近的咖啡馆举办了沙龙活动，参与者们交流了活动天的心得，高度肯定了书斋内的潜心阅读与实际考察研究相结合的读书方法[4]。朱祖希先生回答了大家的提问，并做了总结发言。

在2011年6月11日的“文化遗产日”，北京中轴线申遗文物工程启动，目标是将故宫、天坛、永定门一线古建筑群以“轴线”形式整体收入世界文化遗产名录。2012年11月，国家文物局正式将北京中轴线列入《中国世界文化遗产申遗预备名单》。

“阅读之旅”项目实际上是图书馆组织的游学活动，是将阅读、旅行、理论学习和社会实践相结合、促进深度阅读的体验式阅读推广形式。它基于广义“阅读”“大文化”“大教育”的理念，倡行著名教育学家叶圣陶先生所说的“万物皆书卷，天地阅览室”这一理念，通过阅读与游览相结合的学习教育方式，引领读者从读懂文字,到读懂世界,是国家图书馆为促进全民阅读而推出的一项服务举措。

通过对国家图书馆“阅读之旅”项目的深度参与与观察,笔者对当前游学发展中存在的若干问题提出一些思考并略作探析。

二、图书馆开展游学的必要性

“纸上得来终觉浅,绝知此事要躬行”[5],自古以来阅读与实践就是相辅相成的关系。虽然互联网技术和多媒体技术的发展给人类学习教育的模式带来了巨大变革,但仍然不能替代亲身体验。图书馆作为全民阅读的倡导者,将游学纳入自己的阅读推广范畴有利于促进阅读与实践的结合,有利于为读者提供更加多样的学习方式。

(一)图书馆开展游学可以淡化教育中的功利思维

应试教育的弊端显而易见,影响到人的全面发展乃至国家和民族的前途命运。走出书斋和教室,接触大自然,观察社会,可以直接获得书本和学校教育无法完全提供的知识。对于中小学生来讲这一点格外重要,《教育部等 11 部门关于推进中小学生研学旅行的意见》在“实践性原则”中专门指出:“研学旅行要因地制宜,呈现地域特色,引导学生走出校园,在与日常生活不同的环境中拓展视野、丰富知识、了解社会、亲近自然、参与体验。”[6]当今人们热衷于参加游学虽然仍有其既定目标,但相对而言功利性较弱。游学作为学习教育与旅行游览的结合,具有一定程度的休闲放松作用,较少有人要求游学“不达目的不罢休”,有利于平衡当今社会“有用”逻辑和应试教育所带来的负面作用。图书馆以自身的社会教育职能发挥着与学校教育互补的作用,有必要将游学纳入图书馆的阅读推广工作中。

(二)图书馆开展游学可以开拓读者的文化视野

图书馆是知识的宝库,是世界文化的集散地。与此相应,游学的直接效果在于了解不同文化的特性,建立多元文化彼此平等、彼此尊重的价值观。与此同时,还能够体会不同文化间存在的共性，进而促进多元文化间的交流与融合。文化的多元化与全球化并不矛盾，是差异与融合的动态过程，也是互相尊重与互相学习的动态过程。刘梦溪先生曾在中美文化论坛最后一次圆桌会议上发言时引用钱钟书先生的名言“东海西海，心理攸同；南学北学，道术未裂”[7]，来论述文化的异同问题，并专门做了阐述：“各个国家民族的不同人群，大家的心理结构和心理指向，常常是相同或者相通的。”[8]游学作为一种跨越文化交往可以帮助人“反观自身文化，认同和协商文化身份，担负起多元化社会共同体的建构的责任”[9]。此外，语言作为文化的载体和传播媒介，是文化的外在表现形式。人的交际能力并不完全依赖于外语水平，关键在于表达自身文化的能力和理解对方文化的能力。出国游学作为游学的方式之一，有助于提高外语水平，但更重要的是有助于提高跨文化交际的能力。

(三)图书馆开展游学可以培养读者的兴趣专长和审美能力

周国平先生在《在无趣的时代活得有趣》中说：“我朝四周看，看见人人都在忙碌，脸上挂着疲惫、贪婪或无奈，眼中没有兴趣的光芒……孩子们却满脸沧桑，从早到黑被关在校内外的教室里做无穷的功课。”[10]在日常工作和学校教育中人们往往被动接受信息，疲于应对任务，而游学的过程中人们可以接触到很多新的兴趣点和知识点，有利于重新认识自己的潜力所在。“学不至于乐，不可谓之学。”[11]把学习当作兴趣，在学习中得到快乐，游学的魅力正在于此。追究国人审美匮乏的原因，一方面源于忙碌的物质时代的实用至上主义，人们很难腾出或更多是不愿腾出一点闲暇时间去感知世界；另一方面则与学校缺少美育有关，即使有美育课也多是照本宣科，缺乏发自内心的引导。游学使人跳出忙碌和应试，自然而然地接受美的熏陶。无论城市还是乡村，无论国家公园还是博物馆，在图书馆游学专家的带领下，结合图书馆的文献信息资源，读者用自己的视觉、听觉、嗅觉去感知美，在不知不觉中陶冶了情操，提高了审美能力。

三、图书馆开展游学的可行性

据了解，目前市场上合法运行的游学形式主要包括四大类型：第一种是国内学校与国外合作学校直接对接的游学类型，占整个游学市场份额的60%到70%；第二种是中介机构及教育培训机构的假期游学项目，占游学市场份额的20%；第三种是旅行社组织的游学，占比接近15%；第四种是网络平台提供的游学产品。每种游学产品各有优势，也各有自身的短板[12]。虽然图书馆开展游学还处于起步阶段，尚未在游学市场中占据一席之地，但笔者在国家图书馆“阅读之旅”项目的实践中认识到，图书馆开展游学具有诸多优势条件。

（一）“以人为本”是图书馆和游学天然一致的理念

游学与其他学习教育方式的重要不同就在于尊重人的自主学习、个性发展和创新精神，有利于学生的身心健康。游学导师结合参与者的兴趣、爱好施教，摒弃“填鸭”式的教学方法，也是游学“以人为本”理念的体现。联合国教科文组织《公共图书馆宣言》奠定了图书馆“以人为本”的思想内核与理念基础。中国图书馆学会《图书馆服务宣言》提出：“中国图书馆人经过不懈的追求与努力，逐步确立了对社会普遍开放、平等服务、以人为本的基本原则”，并将“图书馆在服务与管理中体现人文关怀”作为目标之一。图书馆开展游学活动同样秉承“以人为本”的理念，关注人的全面发展，不受应试教育干扰，远离功利性教育。

（二）图书馆具备开展游学项目的优势资源

首先，图书馆基于自身丰富的文献信息资源，在游学项目的策划方面具有独特优势。文献信息资源为图书馆开展游学准备了知识条件，特别是馆藏地方文献有助于发掘游学所需的地方自然、文化资源，这是其他机构无可比拟的。其次，图书馆通过开展科研、阅读推广等项目积累了优秀专家资源，为游学质量提供了智力保障。“从游”是古人游学的一种重要形式，是指学生“负笈追师”，追随德高望重的老师游学，通过与老师的朝夕相处学习知识、提高修养等。学生自主、自由地选择老师，因发自内心的尊重和喜爱而“从游”，这给现代教育以重要启示。当今游学质量受到质疑的重要原因之一是游学导师的水平良莠不齐，很多游学机构并不具备相应的专家资源。而图书馆通过讲座、展览、培训等阅读推广项目网罗了各学科的专家，对学界有较为深入的了解，在此方面的优势堪比高校。再次，图书馆界已有的紧密合作为开展游学搭建了覆盖全国的网络。图书馆可以借助这一优势联合开展游学项目，一方面各秉所长，策划具有地方特色的游学项目，将所在地打造成为其他馆的游学目的地；另一方面各地图书馆可以互相宣传彼此的游学项目，招募本地的参与者并输送至各地。

（三）图书馆具有开展游学项目的制度保障

第一，图书馆的公益性可以解除商业利益对游学的绑架。商业利益造成的游学乱象给游学者带来困扰，也给社会带来信任危机，甚至学校教师也因存在“拉生源吃回扣”等“潜规则”而备受诟病[13]。而作为公益性文化事业机构，图书馆自身的性质使其免受商业利益影响，其社会公信力也使游学参与者免受困扰。第二，图书馆作为开放的知识与信息中心，致力于公民的社会教育、终身教育，它的服务对象并不限定在部分人群，而是为全体公民服务。这使其可以针对不同人群开展游学项目，甚至可以同时满足不同人群的游学需要。例如前述“阅读之旅 · 北京中轴线”活动的参与者，小至两岁、大至 78 岁，其间 20 岁、30 岁、40 岁、50 岁、60 岁各个年龄段的人皆有。第三，文化和旅游部的组建“从国家顶层设计上将‘读万卷书’和‘行万里路’有机融合”，被网民们称为“诗和远方终于走在了一起”[14]。文化的价值性优势与旅游的综合性优势、产业性优势相得益彰，旅游获得了文化新引擎，而文化则登上了转型升级的新舞台。在政策支持下，作为文化事业单位的图书馆开展游学项目也获得了合理性。

四、图书馆游学亟待解决的问题

在开展游学实践的过程中，图书馆既要看到自身的优势，也要正视面临的一些问题。克服这些问题对于实现图书馆游学的长足发展非常关键。

图2 “阅读之旅·北京中轴线”活动读者途径景山公园

(一)图书馆不具备旅游资质

和许多游学主办机构一样,图书馆本身不具备旅行服务资质,需要以旅行社承办的方式组织游学。这虽然可以发挥旅行社在旅行组织方面的专业优势,但也会增加服务成本,并使得图书馆对游学的质量、效果及后续服务等环节较难掌控。只有图书馆与旅行社明确责任分工,才能确保图书馆在游学项目中的权利。

(二)图书馆的抗安全风险能力相对较弱

作为公共文化服务单位,图书馆较难承受安全风险带来的社会压力。在建立安全保障机制、明确安全保障责任、落实安全保障措施的前提下,还需要图书馆转变服务理念和思路,重新认识图书馆与游学之间的关系。

(三)图书馆尚缺乏组织游学活动的专业人才

虽然图书馆具备诸多开展游学项目的优势条件,但若要深度发掘游学的精神文化价值,打造游学品牌,还需要加强专业人才的培养,提高馆员走出图书馆从事阅读推广的能力。

随着图书馆阅读推广工作的日益发展,阅读的样貌也在发生新的变化。在图书馆的参与下,游学这一古老的阅读方式、学习教育方式焕发出新的活力。国家图书馆“阅读之旅”项目立足于阅读与实践相结合,为图书馆开展游学提供了很好的参考和示范。2019 年世界读书日期间,角楼图书馆推出了“读城行动”,以“携一卷书,走一座城,用阅读丈量北京”为主题,邀请文化名人、专家学者担当领读者,带领读者实地走访天坛、茅盾故居、史家胡同、万春亭(中轴线)等著名文化遗产地,边走边看,边看边讲,一探老北京的前世今生,寻根北京文脉,感受阅读的“知”与游走的“行”相融合的独特魅力。其中第一期活动便是由朱祖希先生为读者导读北京中轴线。随着图书馆游学实践的开展,图书馆在此方面的优势将得到充分发挥,所面临的问题也将得到更多的重视并所有突破。

参考文献:

[1] 张纯美,洪静媛. 中外教育思想荟萃[M]. 上海:上海文化出版社,2014:324.

[2] 龙应台,安德烈. 亲爱的安德烈[M]. 北京:人民文学出版社,2008:42.

[3] 陶行知. 陶行知全集:第四卷[M]. 成都:四川教育出版社,1991:358.

[4] 朱祖希. 乐做国图“编外”员工[N]. 光明日报,2012 - 12 - 12(3).

[5] 陆游. 剑南诗稿校注[M]. 钱仲联,校注. 上海:上海古籍出版社,2005:2630.

[6] 教育部等 11 部门关于推进中小学生研学旅行的意见[EB/OL]. (2016 - 12 - 19)[2019 - 01 - 02]. http://www.gov.cn/xinwen/2016-12/19/content_5149947.htm.

[7] 钱钟书. 谈艺录[M]. 北京:商务印书馆,2016:3.

[8] 刘梦溪. 学术与传统[M]. 北京:北京时代华文书局,2017:1230.

[9] 毛海燕,由沙丘,金辉. 小学生“国外游学”活动反思与重建[J]. 黑龙江教育学院学报,2015(12):81 - 83.

[10] 周国平. 在无趣的时代有趣地生活[EB/OL]. (2018 - 09 - 06)[2019 - 01 - 11]. https://www.xzbu.com/9/view-6838229.htm.

[11] 黄宗羲. 宋元学案[M]. 北京:中国书店,1990:185.

[12][13] “游学”乱象:种类繁杂风险难规避 家长消费需理性[EB/OL]. (2017 - 10 - 29)[2019 - 01 - 11]. http://www.xinhuanet.com/2017-10/29/c_1121871328.htm.

[14] 读万卷书 行万里路 推进文旅融合发展——李金早详解机构改革“文旅情怀”[EB/OL]. (2018 - 04 - 20)[2019 - 01 - 11]. http://www.xinhuanet.com/travel/2018-04/20/c_1122716596.htm.

文旅融合时代图书馆休闲功能的价值表达与深化

申军波　刘涛　唐玲(南开大学旅游与服务学院)

图书馆作为诗意栖居的家园和文化休闲娱乐的乐园,也是一个地区的“精神文化地标”和“文化会客厅”“第二起居室”“市民大书房”“第三空间”[1],成为集“知识的课堂、精神的殿堂、道德的讲堂、休闲的天堂”于一体的热门文化消费场所。国家组建文化和旅游部,“诗和远方”终于走到一起,对于推动兼具文化事业属性、文创产业属性、休闲娱乐功能的图书馆发展具有重要作用,图书馆以其休闲场所设施、休闲空间氛围、休闲主题活动、休闲服务意识等优势,正逐渐成为文旅融合时代行业的典范和标杆。

一、图书馆发展的时代背景

(一)我国社会矛盾发生转变,促使图书馆成为人民精神文化消费的重要场所

十九大报告指出,“中国特色社会主义进入新时代,我国社会主要矛盾已经转化为人民日益增长的美好生活需要和不平衡不充分的发展之间的矛盾”[2]。通常情况下,当一个国家人均 GDP 达到 3000 美元时,文化消费将会快速增长[3],2017年我国人均国内生产总值已经达到 8665 美元,表明当前广大人民群众正处于精神文化消费需求的旺盛期。而图书馆作为公共文化服务体系的重要组成部分,已经成为人民群众进行精神文化生活的重要场所和主要阵地。虽然我国图书馆在总体数量、业务水平、功能定位等方面都有了较大提升和发展,但是区域经济发展不平衡导致图书馆在城市和乡村之间,各图书馆在服务功能、接待设施、信息化程度、服

务水平等方面参差不齐，呈现出明显的乡村和城市、西部和东部地区在图书馆数量和服务质量方面的不均衡、不充分的差异，亟须加快公共服务均等化和城乡一体化建设进程，逐步扩大和提升图书馆文化休闲服务的覆盖面与影响力。

（二）国家连续出台利好政策，支撑图书馆发展成为居民休闲的重要场所

2011 年文化部、财政部出台的《关于推进全国美术馆公共图书馆文化馆（站）免费开放工作的意见》明确指出，2011 年底之前，全国所有公共图书馆实现无障碍、零门槛进入，公共空间设施场地全部免费开放，所提供的基本服务项目全部免费[4]。随之，《关于加快构建现代公共文化服务体系的意见》《关于推进基层综合性文化服务中心建设的指导意见》《中华人民共和国公共文化服务保障法》《中华人民共和国公共图书馆法》《全民阅读促进条例（草案）》等法律法规及相关政策的陆续出台实施，推动我国图书馆建设和发展进入了新的高潮。同时，2018 年国务院总理李克强在政府工作报告中强调要“倡导全民阅读，建设学习型社会”，这是 2014 年以来连续第五次将“全民阅读”写入政府工作报告。公共图书馆承担推动、引导和服务全民阅读的使命和职责，全民阅读的新形势将有力地促进公共图书馆事业的发展[5]。

（三）文化旅游融合进程加速，延伸提升文化旅游产业链条和附加值

文化是旅游的内核和灵魂，旅游是文化的支撑和载体，文化和旅游是一对不可分离的孪生体。当前，随着科技的进步与市场需求的持续升级，文旅融合的步伐不断加快，旅游演艺、特色小镇、文创商品、主题客栈、研学旅行、节庆会展等模式无不体现文化和旅游的完美结合，“文化 + 旅游”的跨界融合已经成为一种趋势。此外，中共中央印发的《深化党和国家机构改革方案》提出组建文化和旅游部，并在《文化和旅游部职能配置、内设机构和人员编制规定》中明确指出文化和旅游部的主要职责之一，即“统筹规划文化事业、文化产业和旅游业发展，拟订发展规划并组织实施，推进文化和旅游融合发展，推进文化和旅游体制机制改革”[6]，这对推动公共图书馆的建设和发展起到了至关重要的作用。

(四)社会掀起全民阅读热潮,激发大众不断提升自身文化素养的动力

一方面,国家对推动“全民阅读”高度重视,出台了系列关于图书馆免费开放、图书馆文创产品开发、图书馆功能服务提升等方面的政策意见,为公众提供了良好的阅读休闲环境氛围。1995 年,联合国教科文组织正式宣布 4 月 23 日为“世界读书日”,致力于向全世界推广阅读。1997 年 1 月,中央宣传部、文化部等 9 个部委共同发出了《关于在全国组织实施“知识工程”的通知》,倡导全民读书,建设阅读社会。2006 年 4 月,中宣部、中央文明办等 11 部门联合发出《关于开展全民阅读活动的倡议书》,号召全国各地各有关部门要开展丰富多彩的读书推广活动,为全民阅读营造良好的读书环境[7]。另一方面,随着《中国汉字听写大会》《中国成语大会》《成语英雄》《中国谜语大会》《中国诗词大会》《一站到底》等一批形式新颖、内容丰富、规则有趣、寓教于乐的益智类攻擂竞赛节目的热播,带动了全民学习中华优秀传统文化的浪潮,有效推动了“全民阅读”的开展。

二、文旅融合时代图书馆休闲功能的价值诉求

(一)人的全面健康发展需要图书馆的休闲生态系统

高尔基曾说:“书籍是人类进步的阶梯!”其中的“进步”,不仅仅体现在书籍对经济的发展、社会的进步、科技的腾飞、文化的繁荣有重要的推动作用,更是提升人们综合人文素养的重要因素。《公共图书馆服务发展指南》明确指出,公共图书馆应当通过组织活动和利用资源来鼓励各个年龄段的人发展文化艺术才能[8]。此外,美国著名心理学家马斯洛提出的“需求层次理论”认为,人在满足生理需要、安全需要的基础上,寻求情感、归属、社会交往等方面的需求,进而追求尊重和自我实现的目标。而图书馆作为“修身养性”的绝佳场所,同样也是文献流、信息流、知识流、情感流、思想流交汇的地方,成为实现和满足人的高层次需求的重要场所之一。

(二)现代生活方式促使读书成为一种休闲消费渠道

随着经济的快速发展,工作和生活节奏不断的加快,高压力、快节奏、重负担、

时间碎片化的现代生活工作方式和环境氛围，促使现代人承受的压力与日俱增，因此对于精神文化消费的需求也日益增强。而图书馆本身作为天然的"休闲资源"，能以其开放的空间、清新的环境、丰富的活动、众多的图文资料、人性化的服务来最大限度地满足人们日益增长的精神文化需求，达到有效缓解压力、消除紧张焦虑情绪、平息浮躁心态、调节疲惫身心的目的。"泡图书馆"成为现代社会大众流行的主要休闲方式之一。同时，《2018 全民阅读调查报告》也显示，63% 的受访者认为阅读像阳光一样，是生活必需，八成以上受访者认为阅读能"让精神生活更丰富"，近七成受访者认为阅读能"远离焦虑"[9]。

（三）对特殊人群的关照彰显图书馆的公共文化价值

我国将公共服务均等化作为公共文化服务体系建设的一大任务和目标，大力推动公共服务空间从城市向乡村延伸，服务对象从城市居民向全社会人员辐射，并重点向同样享有公平阅读机会的儿童、老年人、残障人士、城市务工人员等特殊群体倾斜。这部分群体往往由于年龄行为能力受限、身体自理能力受限、知识水平受限、社会部分群体对这些特殊群体的排挤等原因，不能更好地享受图书馆的阅读和文化休闲的权利。因此，这部分群体成为国家和社会重点关照的对象，国家出台若干政策意见对图书馆功能进行改善提升，让图书馆文化休闲服务覆盖社会全体人员，充分彰显出图书馆拥有人文关怀温度、文艺气息情怀、休闲空间格调、素养提升使命的功能属性和发展定位。

三、文旅融合时代图书馆休闲功能的现实表达

（一）图书馆休闲设施的科学合理配置

图书馆作为文化休闲的重要场所，需要在具备图书馆应有的基本功能和设施的基础上，充分融入人性化、个性化、景观化服务理念，合理配置高矮相宜的书架、柔软的沙发座椅、便捷的电子阅读器等休闲阅读设施，合理配置老花镜、轮椅、盲文阅览室等为特殊群体服务的服务设施，以及自助办证机、24 小时自助借还书机、自

助复印机等设施设备。通过休闲设施硬件的建设,为图书馆营造一种轻松自由、舒适惬意的休闲文化氛围,最大限度地满足读者放松心情、娱乐益智以及业余学习研究等不同休闲层次的需求[10]。

(二)图书馆休闲空间环境的氛围营造

图书馆不仅是借书和阅览的地方,而且还是满足人们精神需求的家园。其空间设计和环境布置一定要格调高雅,文化氛围浓厚,注重特色,将图书文化与艺术景观融为一体,充满感染力与和谐美感,令读者赏心悦目,让图书馆充满生机[11]。众多图书馆在图书借阅室、电子阅览室、公共自习室、楼梯等区域配置雕塑小品、花卉绿植、盆景、名人字画、壁画等物品,为图书馆营造浓郁的自然与人文气息氛围。部分图书馆对宁静要求作等级上的区分,除了传统上要求安静的阅读区外,另规划可轻声交谈及可大声讨论阅读的区域[12]。各式创意空间,如学习共享空间、学术共享空间、音乐休闲空间、会客间、创客间等,也能够满足读者学习、交流、实践创造等方面的需求[13]。此外,图书馆因有自然柔和的灯光、舒缓的背景音乐、淡淡的书香、沁人心脾的茶香、弥漫的咖啡醇香,正逐渐成为市民真正意义上的"第二起居室"和城市生活"第三空间"。

(三)图书馆休闲主题活动的策划组织

当前,图书馆推广活动已经越来越多地成为衡量图书馆服务的指标或图书馆统计标准,国际图联大都市图书馆委员会将"推广活动"作为影响图书馆未来发展的四个新指标之一[14]。各地图书馆充分利用馆舍的设施载体和空间,利用"世界读书日""国际儿童读书日""全国科普日""儿童节""青年节""教师节""国庆节""中秋节""新生开学季"等时间节点,开展学术交流、文化研讨、专题讲座以及类型多样的读书、竞赛、演讲等活动,以"书友读书会""专题报告会""新书发布会""签名售书会""读者培训会""读者见面会""读者联谊会""影视欣赏会""作品鉴赏会""诗歌朗诵会""旅行分享会""周末故事会""交流座谈会""学术研讨会""名家大讲堂""专家公开课""阅读马拉松"等为代表的活动层出不穷。此外,图书馆可以设立"读书爱好者协会""演讲读书协会""诗歌朗诵创作协会""文学俱乐部"

“读书俱乐部”“集邮俱乐部”等各类协会组织和专题休闲俱乐部，逐渐使图书馆从知识的汇聚地变成知识交流的分享地和思想火花的碰撞地，从而实现“以书会友”的目的。

(四)图书馆休闲服务主体的意识提升

公共图书馆作为社会教育机构之一，有责任也有义务提供文化休闲，让读者在轻松快乐的氛围中提升文化素质和道德修养。国际图联和联合国教科文组织于1994年联合颁布的《公共图书馆宣言》明确指出，公共图书馆的基本宗旨是通过提供各种形式的资源与服务来满足个人和团体的再教育、信息需求和个人发展，包括娱乐和休闲等方面的需求[15]。此外，入驻图书馆的书店、纪念品店、便利店、咖啡吧、茶吧、餐厅等主体都应具有良好的服务意识和理念，能够为读者提供书籍购买、纪念品购买、餐饮消费等方面的优质服务，为读者营造良好的服务氛围和环境。

四、文旅融合时代图书馆休闲价值的时代特征与发展趋势

(一)发展理念的转变：从“书本位”到“人本位”

“读者服务至上”的理念使得图书馆职能的实现受读者需求影响较大，使得图书馆站在“受众本位”立场上开展读者服务[16]，图书馆正在实现从单纯的以“书”为中心向以“人”为中心的服务理念的转变。在对全社会成员免费开放的基础上，更加注重对儿童、老年人、残障人士等弱势群体的关怀。例如，对于残障人士，部分图书馆推出送书上门的人性化服务，并在图书馆专门开辟盲人、聋哑人借阅室，配备盲用电脑、放大阅读器等设备，提供各种无障碍软件，采用盲文、手语、字幕、特殊通信设备等辅助技术或替代技术，为残障人士提供人性化的接收和传播信息等服务[17]。

此外，大批图书馆领导和工作人员变“被动接受”为“主动服务”，通过“服务流动车”“文化服务车”“文化大篷车”，甚至在边远贫困地区通过自行车等交通工具，采用进乡村、进社区、进家庭、进学校、进工厂、进军营、进养老机构等途径，将图书

馆的书送到读者面前，供读者挑选借阅，将图书馆服务的触角延伸至最基层和最为需要精神文化消费的读者手中。此外，国家大力推动的“文化共享工程”，也使边远贫困地区的群众能够享受到优秀文化精品[18]。

（二）功能定位的叠加：从“单一化”到“综合性”

图书馆经历了以“藏书功能”为主到以“外借功能”为主，再到以“知识交流和分享功能”为主的发展历程，当前“休闲交流的功能”越来越凸显。例如：纽约皇后区图书馆，原来80%的业务是外借，现在外借业务只占30%，70%是展览、讲座、研讨、看电影、学习外语等活动[19]。当前，图书馆已经由过去单一的藏书、借阅功能，逐渐转变为当前集“藏书、借阅、交流、研讨、休闲、展览、培训”等多功能，并且涵盖“节（书香文化节、世界读书日）、展（图片展、摄影展、绘画展、文物展、古籍展）、赛（征文比赛、演讲大赛、辩论赛）、会（读书会、报告会、研讨会、交流会）、演（文艺会演、话剧演出、音乐演出）”等活动的全方位、综合性、一站式的文化体验空间。功能的多样化、业务的细分化、业态的丰富化、活动的特色化，都使当代图书馆成为一种重要的综合性文化场馆。

（三）立体空间的嬗变：从“封闭型”到“交互式”

图书馆作为文献流、信息流、知识流汇聚的重要场所，同时也是思想流碰撞的文化空间，日益发展成为“知识学习和休闲的目的地、知识分享和交流的集散地、知识转化和输出的中转地”，因此十分需要相应的公共休闲空间进行支撑。而图书馆空间功能的转型经历了最早的“封闭型”藏书楼，到藏阅一体的“开放式”近代图书馆，再到“交互式”现代图书馆的演变历程[20]。部分图书馆在开辟报告厅、会议厅、影视厅、研讨室、数字资源学习空间、虚拟现实空间、展览展示空间、休闲沙龙空间[21]的基础上，通过打造“书吧”“水吧”“茶室”“咖啡馆”“文创商品店”“交流研讨室”等空间载体，加快实现成为“共享式”“交互式”“体验式”的集学习教育空间、情感交流空间、学术研讨空间、休闲娱乐空间、展览展示空间、创新创意空间等功能于一体的公共活动空间的发展目标。

（四）跨界融合的升级：从“孤立性”到“融合性”

公共图书馆作为一种具有文化事业单位属性的文化空间场所，其经营管理费用需要国家财政拨付支持，在经济属性上具有孤立性的特点。同时，它与科技企业、互联网信息企业，以及与博物馆、美术馆、科技馆、文化馆等其他文化场馆联系较少。但随着产业革命浪潮的推进、读者群体多元化需求的不断升级，以及《中华人民共和国公共文化服务保障法》等支持社会力量参与公共文化服务体系建设的法律法规及政策的陆续出台实施，促使书店、出版社、文化创意企业，以及以“喜马拉雅”为代表的文化科技企业、以“智能机器人”为潮流的人工智能企业、以“虚拟现实技术”为核心的文化装备企业等各种所有制形式主体积极参与到全民阅读等公共文化服务体系建设当中，促进了公共图书馆与其他业态的融合发展[22]，为实现图书馆的数字化、智慧化、跨界融合化发展提供了重要支撑。

（五）区域空间的拓展：从“大都市”到“小山村”

随着《中华人民共和国公共文化服务保障法》《关于推进基层综合性文化服务中心建设的指导意见》等法规政策的出台实施，以图书馆为代表的公共文化场所的覆盖范围逐渐从大都市延伸到小乡村，涌现出一批“城市图书馆”“城市书屋（书房）”“乡镇（街道、社区）图书馆”“乡村书屋（书房）”“乡村驿站图书馆”“农家书屋”“红色书屋”等各种类型的阅读空间场所，正在逐步实现公共服务均等化、城乡一体化的发展目标，使乡村百姓也能和城市居民一样享受到国家公共文化场馆的文化休闲服务。

（六）服务时间的突破：从“八小时”到“全时候”

读者群体中的部分人群由于工作时间与众多传统图书馆“八小时”工作时间同步，还有加班、出差等原因，导致部分读者工作之余去图书馆往往遭遇“大门紧锁”的“闭门羹”，公共图书馆无法满足这部分群体进行精神文化消费的需求。“24小时自助图书馆”作为顺应社会发展及读者群体市场需求的时代产物，从其诞生之日起就突破了“八小时”的服务时间限制，加之部分图书馆实行“365 天开馆”

的服务制度,使图书馆逐渐演变为“全天候”“全年候”,乃至发展成为“全时候”的读者服务制度,这极大地提升了图书馆的服务功能,为实现图书馆均等化、便捷化、人性化服务起到了积极的示范作用[23]。

(七)行业属性的延伸:从“事业性”到“产业性”

随着读者群体的扩大和图书馆维护管理费用的增加,严重依赖仅有的政府财政拨款来作为公共图书馆的运营管理资金已经成为图书馆管理者加快图书馆发展和创新面临的一大难题。而运营良好的文创商品店,可以给图书馆带来一定的创收,成为增加馆务基金的来源之一[24]。因此,加快发展文化创意产业成为公共图书馆增加经济收益、推动转型升级的重要渠道来源。而《关于推动文化文物单位文化创意产品开发若干意见的通知》《文化部“十三五”时期文化科技创新规划》《国家“十三五”时期文化发展改革规划纲要》《关于实施中华优秀传统文化传承发展工程的意见》等政策规划更是为加快推动图书馆进行文创产业发展,推动图书馆从“事业性”向“产业性”拓展延伸提供了重要政策支撑。

(八)设计理念的创新:从“实用性”到“景观化”

公共图书馆建筑因其突出的个性和深厚的文化底蕴,常常被当作一个国家或城市的政治、经济、文化等综合发展的标志性建筑物[25]。当前,图书馆的外部建筑格局和内部空间设计理念逐渐呈现出“外部景观化、内部休闲化、主题特色化”的特点和趋势,社会各界评选出众多“最美图书馆”“最佳图书馆”“网红图书馆”等。无论是全球闻名的大英图书馆、美国纽约公共图书馆、德国斯特加特市立图书馆、奥地利阿德蒙特图书馆,还是国内的天津滨海图书馆(荣登美国时代周刊“2018 最值得去的 100 个地方”榜首,被评为“世界上最酷的图书馆”“全球终极图书馆”)、秦皇岛三联书店海边公益图书馆(被称为“全世界最孤独的图书馆”,成为众多游客的“网红打卡地”)、上海嘉定图书馆(获得美国权威设计杂志评选的 2013 年“全球最佳公共图书馆”)、上海浦东图书馆(2010 年荣获国际图联“最佳实践奖”,国际图联 2010 唯一团体大奖,该馆拥有巨大的“书墙”景观特色)等都成为热门旅游目的地。

（九）服务主题的分化：从“普适化”到“主题化”

随着读者群体范围的扩大和需求的日益细分，普适化、大众化的综合性图书馆已经难以满足专业化人群、特殊群体的阅览需求。因此，一批“主题性强、特色度高、分类明显”的图书馆应运而生，它们能够通过特定领域（某一或多个领域）的专藏和服务来满足儿童、老年人以及行业专家等不同群体对各类知识和信息的需求[26]，逐渐成为综合性图书馆的重要补充。例如：各地打造的儿童图书馆（上海儿童图书馆、天津市少年儿童图书馆梦娃绘本馆）、玩具图书馆（如天津市儿童玩具图书馆）、服装图书馆（如温州市服装图书馆）、漫画图书馆（如东莞图书馆漫画馆）、电影主题图书馆（如杭州图书馆电影分馆）等；另外还有行业（工商业、金融等）图书馆、专业（生命科学、医学等）图书馆、艺术（音乐、舞蹈、影视、设计、绘画、乐器等）图书馆、宗教（佛教）图书馆、文化（人口文化、旅游文化）图书馆、民俗（饮食）图书馆、生活图书馆、社会热点（世博、奥运）图书馆、名人图书馆、历史文献（近代文献、地方文献、古籍）图书馆等[27]系列图书馆，为打造符合地方特色和极具地方文化的“超级 IP”图书馆已成为当前图书馆的特征和趋势之一。

（十）受众群体的扩大：从“特定化”到“全民化”

随着城乡一体化和公共服务均等化战略部署的逐步推进，国家各级各类图书馆在总体数量、场馆功能、业务水平等方面都得到了较快发展，图书馆的服务群体也从最初的学生、学者、教师、记者、科研工作者等特定群体到现在的普通市民、儿童、老年人、残障人士、外来务工人员等全年龄阶段、全生命周期、全行业人员，实现了服务对象从过去特定的“单一群体”到现在多元化“全民主体”的转变，实现了服务群体范围扩大、读者群体愈发细化、图书馆服务效度愈发精准和高效的发展。

公共图书馆作为实现“全民阅读”、推动“文旅融合”的重要文化场所，同时也是满足和实现人的全面健康发展、推动休闲消费、彰显社会人文关怀的公共文化活动空间载体，需要不断加强对图书馆休闲设施的科学合理配置、加强对休闲空间环境的氛围营造、加强对主题活动的组织策划、加强图书馆工作人员的服务意识，秉承“以人为本”的发展理念，树立“综合性”的功能定位，构建“交互式”的立体空间，顺应“融合性”的产业融合潮流，继续扩大图书馆的空间布局范围，优化“全时候”的工作服务制度，提升图书馆在文创产业等方面的附加值，强化图书馆“景观化”的设计理念，科学把握图书馆“主题化”“特色化”的发展趋势，继续扩大服务受众群体的覆盖面，将图书馆打造成为文旅融合时代跨界融合和休闲服务的行业典范和标杆。但是，也应注意到公共图书馆最基本的功能职责，切不可将图书馆的“休闲化”功能无限制放大，如果图书馆的功能本末倒置、过度娱乐化，则会极大地削弱图书馆最根本的功能属性[28]。

参考文献：

[1][5] 柯平. 公共图书馆：文化新地标 [N]. 人民日报(海外版)，2018－09－27(12).

[2] 习近平. 决胜全面建成小康社会 夺取新时代中国特色社会主义伟大胜利[N]. 人民日报，2017－10－28(1).

[3][4] 张丽. 图书馆主题酒店的实践探索与思考——以书香酒店集团为例[J]. 图书馆工作与研究，2017(1)：125－128.

[6] 文化和旅游部职能配置、内设机构和人员编制规定[EB/OL]. (2018－09－10)[2019－01－11]. http://www.scopsr.gov.cn/bbyw/qwfb/201809/t20180910_308242.html.

[7] 冯玲，李正祥. 图书馆读书会与阅读推广——基于全民阅读的视角[J]. 高校图书馆工作，2018(2)：65－69.

[8] 刘晓英. 为孩子打造创意梦工厂——少年儿童图书馆建立玩具图书馆(室)的构想[J]. 陕西学前师范学院学报，2017(2)：43－48.

[9] 2018 全民阅读报告[EB/OL]. (2018－04－25)[2019－01－11]. http://epaper.gmw.cn/gmrb/html/2018-04/25/nw.D110000gmrb_20180425_2-14.htm.

[10] 魏红菊，杜红英. 浅析高校图书馆服务功能的提升与拓展[J]. 现代农村科技，2015(8)：4－5.

[11] 许桂菊. 作为场所的图书馆：再思考与展望[J]. 大学图书馆学报，2014(3)：44－49.

[12] 孙建丽，付建人. 馆员心中明天图书馆应该有的样子——图书馆建筑及服务等杂谈[J]. 内蒙古科技与经济，2018(6)：126－127.

[13] 刘汝建，曾艳，王婉. “慢城”理念城市文化建设中图书馆“慢”服务探索[J]. 农业图书情报学刊，2015(10)：148－150.

[14] 吴建中. 新常态 新指标 新方向(2012 中国图书馆年会主旨报告)[J]. 图书馆杂志，2012

(12):2 - 6,67.
[15] 曹琴仙. 试论我国公共图书馆职能实践的缺失——基于民营图书馆兴起的思考[J]. 河北科技图苑,2010(6):23 - 26.
[16][28] 王子舟,张歌,曾丽莹,等. 服务创新要守“本”有“度”——关于图书馆娱乐化趋向的讨论[J]. 图书馆论坛,2017(5):40 - 46.
[17] 许来娟. 社区图书馆为残疾人读者群体服务的探索与实践[J]. 文化创新比较研究,2018(7):154 - 155.
[18] 秦东明. 试论新环境下公共图书馆的延伸服务[J]. 科技情报开发与经济, 2009(12):68 - 70.
[19] 吴建中. 走向第三代图书馆[J]. 图书馆杂志,2016(6):4 - 9.
[20] 张乐飞,程林. 高校图书馆空间功能设计方向[J]. 晋图学刊,2018(1):69 - 71,78.
[21] 韦乐平,周群芳. 公共图书馆特色空间布局环境创建探究[J]. 内蒙古科技与经济,2018(15):116 - 117.
[22] 冯佳. 当代图书馆重要实践问题的理论探索——公共图书馆与其他业态融合发展的思考[J]. 图书馆,2017(12):20 - 24,50.
[23] 戴成英. 论公共图书馆在城市文化建设中的重要作用[J]. 科技文献信息管理,2016(4):45 - 48,50.
[24] 莫晓霞. 图书馆文化创意产品开发探讨[J]. 图书馆建设,2016(10):98 - 101.
[25] 毛近菲. 公共图书馆在人文休闲旅游中的功能和对策研究[J]. 浙江教育学院学报,2010(3):108 - 112.
[26][27] 丁沬. 我国主题图书馆建设现状的调查分析[J]. 河南图书馆学刊,2015(5):102 - 104.

研学旅游中博物馆的角色定位和人才培养

齐世峰(国家图书馆)

教育是博物馆的一个重要使命,这一观点早已是社会共识。与过去相比,当今社会的信息爆炸式增长,文化需求的广度和深度不断提升,基于承载人类文明特质的博物馆,俨然是必不可少的珍贵文化信息源。作为历史文化遗产和文化信息接受者,也就是受众的中介,博物馆可以说是为教育领域提供了无限的可能性[1]。

在文化旅游中,博物馆在教育活动方面,角色定位十分重要但却往往未被重视。文化旅游角色定位与教育紧密相连,但博物馆却因不同类型的藏品呈现多元性。艺术、历史和民俗博物馆,对于本土或者外来参观者而言都具有吸引力。而自然历史和科技博物馆则主要面向本土参观者。对于高校博物馆而言,更是如此。基于此类趋势,相关文博机构和主管部门必须有增强博物馆作为知识和教育的角色定位,在此基础上梳理研学游的意义、现状和人才培养等问题。

一、博物馆教育和研学游现状

国内大多数博物馆的教育活动,在很大程度上都是传统常规内容,它们具有以下特征:因为教育活动大多被看作从小学生到大学生的学习过程的延续,所以博物馆的教育项目主要是基于学校项目开发,侧重教学和教养;大多数博物馆的首要工作仍是最为传统的“听众服务”,即不同程度的导游,工作形式相对单一[2]。

近年来,国内博物馆事业在现代标准和创新博物馆教育工作上取得了实质性的进步。尤其是“北、上、广”等城市的博物馆推出了不少结合馆藏又有较大教育价值和社会效益的文化教育项目,专题的研学游也渐露头角。以当代视角视之,作为全方位的科学、文化和教育中心,博物馆除了为参观者提供轻松愉快地获取新知识和技能的渠道外,应该着力于为观众开发其创新潜力创造机会。此项工作最受欢迎的形式之一就是为未成年人和成年人提供手工工作坊和大师课程。

文化教育旅游与博物馆的合作项目,近年来开展频繁,但发展却不平衡。大城市,尤其是首都或省会城市吸引了大批游客。博物馆为文化和教育旅游的发展做出了不少贡献。北京、上海等地区的博物馆展览吸引游客的规模更是不可小觑。在历史文化遗产相对匮乏或者知名藏品短缺的区域,游客要少得多,且多为近缘区域游客。文化和教育特征明显的研学游,对于提升博物馆和博物馆所在区域的收入贡献明显,当然主要还是对大型博物馆。

国内大多数区域都有一些阻碍文化和教育旅游发展的问题。这些问题主要还是与资金短缺和监管过度相关,它们使得开发创建一个综合性的博物馆旅游产品变得尤其困难。所谓综合性博物馆旅游产品包括必要的基础设施,比如酒店、停车场、餐饮等,还有就是在旅游市场上的推广。博物馆提供的服务通常都无法与商业机构相匹敌,博物馆的广告经费往往也很有限。城市博物馆往往会存在基础设施不足和土地使用成本高等问题,这是博物馆综合体扩张和发展的一个主要障碍。这一问题对于容量较小的博物馆,尤其是位于市区的老博物馆,更为显著。如果博物馆区域有相关机构或政策扶持,具有基础设施和土地使用等必要条件时,往往就有了竞争优势。

博物馆的群体性参观常由旅游机构提前预订,这些机构或是自主实施或是与博物馆有协议。博物馆内的游客线路和博物馆开发的项目较少与政府服务挂钩。在教育项目领域,博物馆重要伙伴有:各类教育机构、公共部门和机构、学前机构、儿童福利基金、各类协会和工作坊、家庭等。

这些合作伙伴与博物馆采用研学游结合的方式,并不局限形式,单方、双方、第三方等都是可以商榷的。灵活运营的结果具有两面性:一方面,没有了管理博物馆教育过程和相关内容的直接干预;另一方面,教育系统和博物馆之间的调控缺失造成博物馆无法完全开发潜力,使得执行教育项目困难。例如,学生基本只有课后或周末才能参观博物馆。

近年来,国内不少博物馆开展的少儿教育项目都是由博物馆和专业的手工艺机构或专家联合举办，当然其中也少不了相关主管部门和教育部门的推动。就整体而言，博物馆愈来愈重视个体观众的需求，这直接反映在它们的教育活动上。博物馆宣传物提供不同语言的纸质材料和其他小型设备、休闲区和指示牌等，便于个体观众更方便地接收讯息，徜徉在博物馆的时空里。

为带孩子的家庭提供便利的博物馆项目越来越普遍，相关的服务或设备逐渐多元起来。很多博物馆早就开展结合娱乐设施和学习活动的多形式博物馆服务。这样的教育项目有益于增强博物馆的吸引力，不过博物馆往往缺乏相关的人才开发执行此类项目。

二、研学游中博物馆的合作伙伴

随着素质教育理念深入人心，以及人们的文化需求日益增大，研学活动越来越得到相关从业者的重视，行业内市场主体也愈发丰富，这促使研学项目形式走向多元化，给孩子们带来了更大的选择空间，助推研学市场规模逐渐壮大。目前整个研学市场发展尚不成熟，需要有关部门的规范与引导，亦需博物馆、学校、企业联合发力。

在归属文化旅游领域的研学游中，博物馆的主要合作伙伴有本土或国际商业旅行机构、公共机构和部门、教育机构等[3]。

旅游机构对于旅游业的客流影响很大，也影响着博物馆的参观群体。旅行机构既可以自主运作，也可以与博物馆签署纸质协议。不过，博物馆并不能直接影响商业旅行机构的项目，哪怕这家博物馆在所谓“必看清单”上。大多数情况是行程肯定受简要协议限制，有些情况甚至是只有专门的公司才能受理团体参观，当然往往只有大型博物馆才会如此。只有这样，双方才是互惠互利的。近年来，一些博物馆开始提供多元化、延伸性旅游项目，博物馆往往会投入较多人力、邀请相关专家增加项目含金量，也有一些针对特殊群体的专门服务项目。小型博物馆往往没有专门的游客服务人员，但这并不妨碍它们也会提供专门针对游客的项目。对于那些远离市区或传统旅游线路的博物馆来说，它们面临的挑战更大。它们必须努力提高其项目的吸引力,甚至要加强与旅行机构的合作。

政府部门通常会对博物馆的客流有间接的影响。主管文化旅游的相关部门尽管不会直接干涉博物馆业务,但却往往都会着力吸引游客。政府部门主导的大型活动,比如国际体育赛事等,尽管与博物馆并不直接相关,但却能带来可观的客流量。当然,也有相关部门直接做出吸引游客到博物馆的工作,不过这并非常规操作。

也有不少博物馆面临着相关推广经费不足、基础设施薄弱等问题。我们应该开放并谨慎地看待博物馆发展中的商业扶持。近年来,在相关政策的支持下,国内一些博物馆的资金来源开始多元起来。这对于探索博物馆在新时代的发展是有益的,不过要慎之又慎。

一般来说,对于发展博物馆文化旅游项目、提升博物馆在旅游市场中的地位,博物馆方面需要与多方展开紧密合作:主管部门、所在区域的大中型商业机构、所在区域乃至周边地区的博物馆和文化机构、教育和旅游相关的科研机构和部门、有志于文化教育项目的投资方、媒体等。

三、博物馆研学游的人才培养

国内有高校开设博物馆相关专业,涉及博物馆业务、文物保护、档案等内容,可是学校教育往往与博物馆的客观实践和需求有所偏离。新馆员往往只有进入博物馆工作才开始学习相关专业。现在博物馆的主要工作岗位,比如科研、保护、展陈和教育等,大都需要具有历史、艺术史、技术等教育背景,而非博物馆学。解决此类问题,要求高校与博物馆在开展教育项目上进行合作,包括高校和博物馆人员的合作。馆员受邀进入高校讲解、示范博物馆相关业务和实操,有助于学生提前进入真正的“博物馆世界”。

高校和博物馆等文博机构进行此种合作的案例,有中国社会科学院等。中国社会科学院研究生院于2010年获得了全国首批文博专业硕士培养资格,文物与博物馆硕士教育中心(简称“文博中心”)于2011年正式成立。文博中心设有文物鉴定与修复、博物馆与文化遗产管理、故宫学三个专业方向。它对内依托社科院考古所和历史所,对外依托文化部和一些省市的文博单位,如与故宫博物院、恭王府、首都博物馆、南京博物院、浙江省博物馆等签订了战略合作协议,和国家博物馆也有着比较密切的合作关系[4]。

除了基础知识、学位教育,与博物馆业务和技能相关的职业培训对于增强博物馆的角色定位上发挥着尤其重要的作用。现在很多教育机构或部门,仅提供一般性的相关文化课,旨在培养通用性文化艺术人才,只有个别机构才会提供与博物馆人才培养相关的课程。在某种程度上,博物馆自身可以提供专门的与博物馆教育相关的服务。国内有些教育机构也在开展相关的学位教育、职业教育,不过往往存在自主性偏低、学位程度偏低、就业难等问题,如故宫博物院与北京国际职业教育学校、北京联合大学联合开展的相关人才培养项目。

行业合作也是助力博物馆人才发展的利器,国内外的研讨会、培训、会议等,尤其是博物馆联合体定期举办的相关会议等,如国际博物馆协会国际博物馆培训中心举办的各类培训班。有些大型国际项目为博物馆人员提供专业教育机会,比如联合国教科文组织、国际博物馆协会等机构或组织进行的项目,这些项目效果十分显著,而且长远来看对于博物馆人才培养更是大有裨益。国内外有些大型博物馆也会对外接受相关人才交流的申请,有的也会进行相关扶持和资助[5]。

上文所涉及的相关问题和需求,在国内的大小博物馆中都很普遍。这就要求博物馆注意相关经验和案例的分享,共同找到优化的解决方案。只有切实认识和理清博物馆作为知识和教育的角色定位,根据馆藏和文化发展推进文化遗产保存和保护相关的实践,通过博物馆与相关方面的合作互动,提升博物馆研学游相关人才的培养和管理,才能在现代文化语境下取得博物馆资源利用和旅游开发的平稳发展。

参考文献:

[1] ARINZE E N. The role of the museum in society[M]. Georgetown, Guyana: Public Lecture at the National Museum, 1997: 2 – 3.

[2] 郑旭东.从博物馆教育到场馆学习的演进:历史与逻辑[J].现代教育技术,2015(2):5-11.
[3] 史一棋.博物馆研学旅行如何规范[N].人民日报,2018-08-30(19).
[4] 刘晓利.古籍保护学科建设高端访谈[N].藏书报,2016-07-18(5).
[5] HOOPER-GREENHILL E. Museums and the shaping of knowledge[M]. London:Routledge,1992:193-194.

民族血脉与传统文化的融合之旅

——试论“中国寻根之旅”夏令营中国戏曲学院戏曲营的传统文化课程设置

张阳（中国戏曲学院导演系）

2018年7月25日，来自全国40个国家和港澳台地区的3000余名青少年齐聚北京参加第九届海外华裔及港澳台地区青少年“中国寻根之旅”夏令营活动。其中，来自希腊、爱尔兰等9国的134名学员参加了由中国戏曲学院承办的戏曲营，展开了为期15天的“寻根之旅”活动。活动期间，作为戏曲艺术的最高学府，中国戏曲学院为来自五湖四海的学员们开设了一套以戏曲文化为主体，兼顾多元传统文化的课程，让来自海外的学员们一方面能够与戏曲艺术零距离接触，通过“观”“学”“扮”“演”等课程打开认知体系中的传统精神符码，另一方面能够切实观察、感受、触摸北京这座兼顾历史底蕴和现代发展的古都。

进一步说，“文旅创新”成为新时代文化和旅游相融合的切实发展方向，也是一个亟待思考、设计、实践的时代文化命题。如何结合自身文化资源优势、打造精品文化旅游品牌，是每一个从事文化、旅游事业的个体和单位需要去认真思考的问题。本文以“中国寻根之旅”中国戏曲学院戏曲营所开设的传统文化课程为分析文本，探讨传统文化艺术课程如何适应并运用于“文旅创新”的发展趋势。

一、从猎奇到惊艳：戏曲艺术的再认知

中国戏曲学院作为中国传承和发展戏曲艺术的最高学府，承办戏曲营的目标就是让每一位学员能够了解中华民族伟大的艺术瑰宝——戏曲艺术，在学习交流

过程中不断对戏曲艺术有新的感知与领悟，从而培养民族审美的内在情趣。为了让学员能够尽快进入学习状态，全方位多角度感受戏曲艺术魅力，开营前几课尤为重要。换句话说，如何启蒙并打开一个学员对戏曲艺术的内在认知结构，显得尤为关键。因为，这些来参与夏令营的海外学子基本上都是受互联网等新媒体传播文化影响成长起来的一代，在信息传播与获取方面，他们养成了一种“快餐式”的思维模式。提供符合他们认知结构的知识内容，满足他们的兴趣方向，引导他们走进戏曲艺术的历史长河，是戏曲营课程的整体架构。

戏曲营组织学员参观中国戏曲学院校史馆，让学员了解中国戏曲学院发展历史，同时从侧面也了解了中国近代戏曲史。诸如“四大名旦”“徽班进京”“通天教主”“同光十三绝”等专业名词逐渐进入他们思考的范畴，这将有助于学员对中国戏曲史建构一个整体印象。同时，组织学员观看一台戏曲表演，也是一项重要课程。综合考虑演出时间、舞美制景、学员兴趣，以及语言接受能力等因素，戏曲营的第一台晚会并没有选择演出一场大戏，而是从小戏入手。晚会节目涵盖了极具视觉观赏性的“猴戏”“武戏”“刀枪把子”“水袖”等戏曲程式化表演动作，这样做的好处在于能在有限的时间内让学员观看到多种戏曲表现形式，利用浅显易懂却技艺惊人的程式化动作激发他们的观赏兴趣，从而减少因“听不懂”“节奏慢”等因素所导致的传统戏曲接受困难的问题。

从学员反馈来看，“史”与“艺”相结合的开营课程给他们留下了深刻印象，让他们从对戏曲艺术的“猎奇”转换成“惊艳”，从而为接下来一系列的“走进戏曲切身体验”课程打下良好基础。这也为我们提供了一个新的工作思路，我们未来所打造的“文旅创新”项目应该如何切实做到“量体裁衣、私人订制”，这是决定能否吸引受众的主要原因。笔者认为：只有符合受众认知心理，从受众需求出发，才能连接起供求双方的合作关系，唯有如此，“文旅创新”项目才能赢在一个“新”上。比如近年广受市场欢迎的乌镇戏剧节，从项目运营、广告招商、作品推演、营销宣传、社群培养等方面都以戏剧为本体，根据社会变化不断推陈出新。他们的宣传语：“以拥有 1300 年历史的乌镇为舞台，共邀全球戏剧爱好者和生活梦想家来到美丽的乌镇体验心灵的狂欢。”这是对他们创新主旨精神最好的诠释。

二、从看客到票友:戏曲艺术的践行者

进入具体课程之后,学员被分成若干小组,交替学习戏曲艺术。从课程设置上来说,分为四大类。

第一,戏曲文化体验课,这类课程包括戏曲基础知识讲解、戏曲服装、化妆知识普及等相关课程,每门课程的开设都有其独到的考虑。比如,戏曲基础知识讲解通过边讲边示范的授课形式让学员对戏曲艺术的程式性、虚拟性、写意性等美学本体特征有一个概念上的初步接受,让他们了解舞台上一个“圆场”相当于古时战场的“十万八千里行军”,一条“马鞭”则代表着“上马”“骑马”“下马”等动作,这些基础知识是学员打开观看戏曲艺术的基本途径,如果没有掌握“观与演”的戏曲程式性表演规律,学员将无法真正领略戏曲艺术的魅力。

戏曲服装与化妆体验课是每年戏曲营的精品课程,学员走进剧场后台,看到那一件件精美绝伦的戏曲服装,无不为之震撼。这门课的授课方式首先是由老师讲解戏曲服装知识,让学员们理解戏曲文化中“宁穿破,不穿错”的规矩,同时根据戏曲服装的差异性了解各行当之间的区别。紧接着就是亲身体验,学员们在老师的带领下亲自“扎靠”“挂髯口”“勾脸”,一番扮相之后合影留念。课程结束后学员反馈了两点心得,其一是为中国传统文化精神内涵所折服,让他们了解到戏曲服装上的图案、颜色、配饰均与历史文化息息相关;其二是为戏曲演员的辛苦所打动,通过切身体会“扎靠”“勒头”等化妆环节,感受到戏曲演员的不易。

第二,戏曲舞台体验课,这门课程是每一位戏曲营学员所必须参与的核心课程。男女同学分成两组分别学习戏曲表演中的“唱念做打”等基本功,其中又以“水袖”“刀枪把子”“圆场”“唱段”为主要学习内容。戏曲文化课积累的知识在这里得到真正应验,男学员很快明白由武生扮演的四个龙套手持长枪站在舞台上代表千军万马的含义,女学员也能感受到水袖是帮助人物抒情达意的道具。开设舞台体验课的初衷是让学员亲临舞台,通过一招一式、一板一眼的基础教学让学员感受戏曲艺术的博大精深,了解中华传统文化蕴含的美学哲理,使他们从一个“看

客”变成“票友”,一个“文化游子”变成“文化传播人”。

第三,传统文化体验课,在一系列的课程安排中,中国戏曲学院也为戏曲营的海外学子开设了相关传统文化体验课,包括“汉服体验”“书法入门”“射艺体验”等,这些课程的开设一方面有助于让整体课程更富多样性,不断提高学员学习兴趣,另一方面能够拓宽学员文化视野,在一次夏令营活动中不局限于某一种传统艺术,而是广泛涉猎多种传统艺术形式。

第四,城市文化体验课,相较于戏曲舞台课程,城市文化体验课也是戏曲营课程中一个必不可少的环节。天坛、长城、故宫、颐和园等著名历史景点是每一个学员心中向往的文化地标,更进一步来说,这些空间场域是唤醒每一个流淌着中华血脉个体的文化符号,只有让学员身处其中,触摸历史留下的文化积淀,才能真正感受北京之美,祖国山河之壮丽。

三、从坚守到开创:戏曲艺术的文旅创新

“寻根之旅”戏曲营的课程设置是以弘扬中华优秀传统文化为己任,借助学院自身优势不断推进戏曲艺术传承复兴的历史任务。

在“文旅创新”融合的发展浪潮中,如何借助自身优势,打造精品项目,是一个值得不断反思的问题。从戏曲营的课程设置中,我们能汲取一些成功经验。

第一,文旅创新项目要立足传统文化之魂,只有将传统文化作为中华文化之根、民族文化之魂,才能助推中国梦的实现。

第二,文旅创新项目要遵从文化艺术规律,以人为本,从心出发,才能使参与者真正获得文旅创新带来的启迪。

第三,文旅创新项目要整体布局、私人订制,只有切实符合受众认知需求的内容才能不断推进供求双方的良好合作。

第四,文旅创新项目要整合各方资源、统筹发展,推进文化文物单位与旅游行业的深度合作。

第五,文旅创新项目要不断推进各门类研学旅游课程化研究,建立科学严谨的

文旅创新课程体系。

中国戏曲学院承办的“中国寻根之旅夏令营”不断践行新时代背景下弘扬传统文化的历史责任，开创了一条传统文化向国际化传播的现实途径，为“文旅创新”发展提供了一种值得学习借鉴的新思路。

阿坝州乡村振兴与文旅结合路径初探

卞全琴　曾晓鸿(阿坝州博物馆)

"乡下人离不了泥土,因为在乡下住,种地是最普通的谋生办法……我们不妨缩小一些范围来看,三条大河流已经全是农业区。而且,据说凡是从这个农业老家里迁移到四围边地上去的子弟,也老是很忠实地守着这直接向土里去讨生活的传统。最近我遇着一位到内蒙古旅行回来的美国朋友,他很奇怪地问我:你们中原去的人,到了这最适宜放牧的草原上,依旧锄地播种,一家家划着小小的一方地,种植起来;真像是向土里一钻,看不到其他利用这片地的方法了。我记得我的老师史禄国先生也告诉过我,远在西伯利亚,中国人住下了,不管天气如何,还是要下些种子,试试看能不能种地。——这样说来,我们的民族确是和泥土分不开的了。从土里长出过光荣的历史,自然也会受到土的束缚,现在很有些飞不上天的样子。"[1]

摆脱土的束缚——乡村振兴战略的提出就是一改费孝通先生在《乡土中国》中描述的中国乡土社会的这种常态的一剂良药。

中国的乡村是一个可以大有作为的广阔天地,如今更迎来了难得的发展机遇。党的十九大报告明确提出实施乡村振兴战略,是建设现代化经济体系的六大任务之一,要坚持农业农村优先发展,按照产业兴旺、生态宜居、乡风文明、治理有效、生活富裕的总要求,建立健全城乡融合发展体制机制,加快推进农业农村现代化[2][3]。

各地农村千差万别,乡村振兴也不能千篇一律。各乡村应根据自身优势打造属于自己的特色品牌,对于缺乏其他产业优势却有文化旅游潜力且自然环境优美的阿坝州(下辖马尔康市、金川县、小金县、阿坝县、若尔盖县、红原县、壤塘县、汶川县、理县、茂县、松潘县、九寨沟县、黑水县13县市),境内自然及人文旅游资源极为富集,应因地制宜地走乡村振兴与文化自然旅游相结合的道路,促进阿坝乡村的发展。在这里,从有形物质文化到无形非物质文化均显现着与当地独特地理环境相适应的文化特性。许多自然综合体中往往也蕴含渗透着文化之美。由此铸就了阿坝文化资源的多样性、丰厚性、交融性、原生性、独特性的典型特征[4]。

一、阿坝州的自然旅游资源

自然环境是环绕人们周围的各种自然因素的总和,如大气、水、植物、动物、土壤、岩石矿物、太阳辐射等。本文中笔者所指的"自然环境"主要是指阿坝州的自然山水、川西高原五彩斑斓的景色。

在欧内斯特·亨利·威尔逊(Ernest Henry Wilson,1876—1930)一百年前的著作中就可以感知阿坝州的美景:"黄龙每个水池底部的色彩都是乳白色的。由于光的折射,湖水呈现出不同的颜色,造就了非常迷人的五彩水色。有的是明亮的蔚蓝色,有的呈乳白、粉红、绿色、紫色等色彩……这种钙化景观延续了1—2英里,为世人呈现出震撼的景色。"[5]而且在他的日记中还对此进行了高度的评价:"如果命运安排我在中国西部生活的话,我别无所求,只愿能够生活在松潘……这座城镇是聚所有中国西部魅力为一体的地方。"[6]这座城镇在威尔逊的眼中,是西部最具魅力的城市,但此地仅是阿坝州魅力城镇的代表之一,因为除此地外,阿坝州处处皆美景,随手一拍,就是风景。如今,阿坝州的秘境依旧为域外人所追寻。

阿坝州地形以高原和高山峡谷为主,平均海拔3500米。境内自然风光绮丽,高品质自然旅游资源极为丰富,拥有闻名遐迩的九寨沟、黄龙和卧龙—四姑娘山—夹金山大熊猫栖息地三处世界自然遗产;九寨沟、夹金山、雅克夏等3处国家森林公园;九寨沟、黄龙、汶川特别旅游区3处5A级景区;其他景区若干,如四姑娘山、达古冰川、莲宝叶则、川西北大草原、黄河九曲第一弯、花湖、牟尼沟、毕棚沟、卡龙沟叠溪—松坪沟、米亚罗、三江风景区、九顶山—文镇沟大峡谷等。

阿坝州拥有众多的珍稀动植物,有国家、省、州、县4级完整体系的自然保护区,是植物的天堂、自然精灵的乐园。大熊猫、黑颈鹤、金丝猴、梅花鹿等珍稀动物在阿坝大地上栖息繁衍,穿梭嬉戏。植物活化石珙桐在三江、卧龙随处可见;帝王百合、高山杜鹃和草地百花绽放在不同时节,描绘着阿坝斑斓绚丽的四季之美!

二、阿坝州的人文旅游资源

阿坝州除了其得天独厚的自然旅游资源,还是一个有着悠久历史、多民族聚居的地区,生活着藏、羌、回、汉等 23 个民族,拥有潜力巨大的人文旅游资源。其境内有丰厚的历史文化、独特的藏羌文化、悲壮的红色文化、神秘的宗教文化,被誉为"藏羌彝走廊核心地带",吸引了越来越多的中外游客。

(一)丰厚的历史文化

阿坝州境内远在五六千年前的新石器时代,就有人类繁衍生息。公元前 316 年秦始置湔氐道(治地今松潘县北),隶属蜀郡,阿坝州始有建制。汉武帝元鼎六年(公元前 111 年),开西南夷,以冉駹为汶山郡。隋、唐建置屡有更替,演变频繁。宋置茂州通化郡、威州维川郡。元为土司制度之始,置安抚司,治所松潘,流官、土官并用。明、清两代仍承袭,明置于茂州、威州、松潘卫,分辖各土司及千户所,清设茂州、理番厅、松潘厅、懋功厅。乾隆时实行改土归流。民国十六年(1927 年)置松理懋茂汶屯殖督办署,后改为四川省第十六行政督察区。1950 年 2 月,由川西人民行政公署茂县专区专员公署接管。1953 年成立四川省藏族自治区,1955 年改为阿坝藏族自治州,1987 年更名为阿坝藏族羌族自治州。

境内的远古文化、土司文化、建筑文化、茶马古道文化等构成了阿坝州丰厚的历史文化(见表 1),有国家级文物保护单位 16 处(见表 2,全省排名第 2 位,第 1 位是成都市)。

表1　阿坝州远古文化与建筑文化遗迹

文化类型	示　例
远古文化	古遗址:茂县的营盘山遗址、波西新石器时代遗址、青坡门河坝遗址、撮箕山石棺葬墓群、牟托石棺葬墓群;汶川的姜维城遗址;理县的箭山遗址、佳山石棺葬、杂谷脑河崖墓群;马尔康市的哈休遗址、莫斯都岩画群;小金县的日隆石棺葬墓群;松潘县的松林坡唐代墓葬群;金川县的刘家寨遗址;若尔盖县的协玛坚遗址等
	古人物:蚕丛、大禹等
	古线路:茶马古道
建筑文化	古城址:汶川县的威州城遗址,理县的维州城,九寨沟的南坪古城址,茂县的茂州城、悉州城,松潘古城和小河古城等
	古城堡遗址:马尔康市的婆陵甲萨古城堡、石广东古城堡、嘉南木古城堡、马木多木纵古城堡,金川的叶尔基古城堡,松潘县的靖夷堡遗址,若尔盖县的降碑卡拉①、抗拉卡拉遗址等
	土司官邸:马尔康市的卓克基土司官寨,阿坝县的华尔功成烈官寨,汶川的瓦寺宣慰司官寨等
	藏羌碉楼:茂县的黑虎古碉群,汶川的布瓦黄土碉群,壤塘县的日斯满巴碉房,金川县的曾达关碉等

表2　阿坝州国家级文物保护单位

文保单位名称	包含文物点	时间②	文保单位所在地
卓克基土司官寨	卓克基土司官寨	清代	马尔康市卓克基镇
松潘古城墙	松潘古城墙	明代	松潘县进安镇
棒托寺	石刻藏经、尊胜塔、菩提塔、吉祥多门塔	明代、清代	壤塘县茸木达乡
阿坝藏羌碉群(原名直波碉楼)	直波碉楼	清代	马尔康市松岗镇
	布瓦黄土碉群		汶川县威州镇
	桃坪羌寨		理县桃坪镇
	鹰嘴河寨碉楼		茂县黑虎乡

① 卡拉,藏语,意为城堡、官寨。

② 这里的“时间”二字是指文物点的修建时间或考古发掘点中文物所展示的年代。

续表

文保单位名称	包含文物点	时间	文保单位所在地
阿坝红军长征遗迹	红一、红四方面军会师遗址	1935 年	小金县达维乡、美兴镇
阿坝红军长征遗迹	两河口会议会址	1935 年	小金县两河乡
阿坝红军长征遗迹	芦花会议会址	1935 年	黑水县芦花镇
阿坝红军长征遗迹	毛尔盖会议会址	1935 年	松潘县毛尔盖镇
阿坝红军长征遗迹	沙窝会议会址	1935 年	松潘县毛尔盖镇
阿坝红军长征遗迹	红军长征纪念碑碑园	1990 年	松潘县川主寺镇
阿坝红军长征遗迹	包座战役遗址	1935 年	若尔盖县求吉乡、包座乡
阿坝红军长征遗迹	巴西会议会址	1935 年	若尔盖县巴西乡
阿坝红军长征遗迹	三元桥	1935 年	茂县土门镇
阿坝红军长征遗迹	亚克夏山红军烈士墓	1936 年	红原县刷经寺镇
措尔机寺	活佛寝宫、大经堂、康玛庙、康萨庙	明代、清代	壤塘县中壤塘乡
日斯满巴碉房	日斯满巴碉房	明代	壤塘县宗科乡
营盘山遗址	营盘山遗址	新石器时代	茂县凤仪镇
营盘山遗址	姜维城遗址	新石器时代—清代	汶川县威州镇
哈休遗址	哈休遗址	新石器时代	马尔康市沙尔宗镇
大藏寺	大经堂、护法殿、主殿、罗汉殿、观音殿、宗喀巴殿、阿旺扎巴殿、辩经殿、未来佛殿、大管家僧房	明代、清代	马尔康市大藏乡
甲扎尔甲山洞窟壁画	甲扎尔甲山洞窟壁画	明代、清代	马尔康市白湾乡
曾达关碉	曾达碉、马尔邦碉	清代	金川县曾达乡、马尔邦乡
筹边楼	筹边楼	清代	理县薛城镇

续表

文保单位名称	包含文物点	时间	文保单位所在地
达扎寺	大经堂、时轮金刚殿、密宗院、宗喀巴殿、六臂大黑天护法殿、马头明王殿、活佛寝宫、辩经院、医学院、达扎书院	清代—现代	若尔盖县达扎镇
沃日土司官寨经楼与碉	沃日土司官寨经楼与碉	清代	小金县沃日乡
茶马古道（川藏北线）	百丈房古道	汉代—清代	理县杂谷脑镇
	婆雍古道	唐代—清代	马尔康市梭磨乡—卓克基镇
	克枯栈道	汉代—清代	汶川县克枯乡
	朴头山隋唐石刻	隋代、唐代	理县杂谷脑镇

（二）独特的藏羌文化

阿坝州是多民族聚居的地区，主体民族为藏族和羌族，也是四川省第二大藏区和全国最大的羌族聚居区，因此藏羌文化（见表3）是阿坝州民族文化的最大特点。

表3　阿坝州藏羌文化①

民族			地域	示例
藏族	方言分支	嘉绒藏族	主要分布在马尔康、金川、小金、理县及黑水、汶川的部分地区	民俗文化：婚俗、葬俗、礼仪、禁忌等 服饰文化：藏袍、藏靴、佩饰等 节日文化：藏历年、转山会、雅敦节、扎崇节、看花节等 建筑文化：帐篷、碉房等 饮食文化：糌粑、酥油茶、咂酒等
		安多藏族	主要分布在阿坝县、若尔盖县、红原县、壤塘县等北部牧区	
		白马藏族	主要分布在九寨沟县勿角、马家、草地3乡地域	

① 此表中的地域分布仅限于藏族和羌族在阿坝州境内的分布。

续表

民族	地域	示例
羌族	主要分布在茂县、汶川、理县、松潘和黑水部分地区	民俗文化:婚俗、葬俗、礼仪、禁忌等 服饰文化:羌服、羊皮褂、云云鞋、银佩饰等 节日文化:羌历年、瓦尔俄足节等 建筑文化:碉房等 饮食文化:青稞、荞麦、咂酒及野生食品等

目前,全州有国家级非遗项目19项(见表4,全省排名第2位,第1位是甘孜州)、国家级非遗代表性传承人9名(全省排名第2位,第1位是成都市)、国家级文化产业示范基地1个(九寨沟演艺群)。"藏、羌碉楼与村寨"被列入《中国世界文化遗产预备名单》,"羌年"被联合国教科文组织公布为"急需保护的非遗名录"。

表4 阿坝州国家级非物质文化遗产名录

	项目名称	申报地区或单位
国家级非物质文化遗产名录	羌笛演奏及制作技艺	茂县
	卡斯达温舞	黑水县
	㑇舞	九寨沟县
	羌族瓦尔俄足节	茂县
	南坪曲子	九寨沟县
	藏族山歌(川西藏族山歌)	阿坝州
	羌族羊皮鼓舞	汶川县
	博巴森根	理县
	羌年	汶川县、茂县、理县
	羌族刺绣	汶川县
	多声部民歌(羌族多声部民歌)	松潘县
	锅庄(马奈锅庄)	金川县
	禹的传说	汶川县
	羌戈大战	汶川县
	藏族编织、挑花刺绣工艺	阿坝州
	佛教音乐(觉囊梵音)	壤塘县
	碉楼营造技艺(羌族碉楼营造技艺)	汶川县、茂县
	登甘嘎㑇(熊猫舞)	九寨沟县
	多声部民歌(阿尔麦多声部民歌)	黑水县

还有国家级传统村落36个（见表5）。中国传统村落，原名古村落，是指民国以前建村，建筑环境、建筑风貌、村落选址未有大的变动，具有独特民俗民风，虽历经久远年代，但至今仍为人们服务的村落。这些传统村落保留了丰富多彩的文化遗产，承载和体现了阿坝州藏羌人民深厚的民族传统，有很高的历史禀赋与艺术、旅游价值。

表5　阿坝州国家级传统村落

县域	村落	县域	村落
汶川县	雁门乡萝卜寨村	九寨沟县	漳扎镇中查村
	水磨镇老人村		马家乡苗州村
	龙溪乡阿尔村		草地乡下草地村
	龙溪乡联合村		永和乡大城村
理县	桃坪乡桃坪村		罗依乡大寨村
	薛城镇较场村		大录乡大录村
	蒲溪乡休溪村		大录乡东北村
	甘堡乡甘堡村	马尔康市	松岗镇直波村
	下孟乡沙吉村		沙尔宗乡丛恩村
	桃坪乡增头村		梭磨乡色尔米村
茂县	太平乡牛尾村		大藏乡春口村
	黑虎乡小河坝村鹰嘴河组		草登乡代基村
	雅都乡四瓦村四组		党坝乡尕兰村
松潘县	十里回族乡大屯村		卓克基镇西索村
黑水县	知木林乡知木林村	壤塘县	宗科乡加斯满村
	色尔古乡色尔古村		吾依乡修卡村
	木苏乡大别窝村		茸木达乡茸木达村
	维古乡西苏瓜子村		中壤塘乡壤塘村

（三）悲壮的红色文化

美国战地记者埃德加·斯诺于1938年在美国出版的《红星照耀中国》（后来被译为《西行漫记》）首次向世界介绍了中国红军的长征，但这并不是长征的全过程。他在《西行漫记》的序言中这样写道："总有一天会有人写出一部这一惊心动魄的远征的全部史诗。"[7]同为美国战地记者的哈里森·索尔兹伯里实现了斯诺的遗愿，他在重走长征路后所撰写的《长征——前所未闻的故事》一书中曾这样感叹："在长征途中发生的一切有点像犹太人出埃及，汉尼拔翻越阿尔卑斯山，或拿破仑进军莫斯科，而且我惊奇地发现，还有些像美国人征服西部：大队人马翻越大山，跨过草原。但任何比拟都是不恰当的。长征是举世无双的。"[8]

阿坝地区是中国工农红军一、二、四方面军在长征途中全部经过，且停留时间最长的少数民族地区，因此全州13个县（市）被四川省人民政府认定为革命老区县。1935年6月中旬，党中央率领红一方面军（亦称中央红军或中央野战军）翻越夹金山进入懋功（今小金县），于9月中旬走出草地到达甘肃南部，历时3个多月；红四方面军从1935年4月下旬进入茂县境内，到1936年8月底与红二方面军（由贺龙、关向应、任弼时、萧克等率领的红二、六军团于1936年7月初在甘孜与红四方面军会师后，根据中央指示合编组成红二方面军）携手共同走出草地北上抗日，前后历时达十六个月之久，占整个长征（历时两年）的近三分之二。"爬雪山过草地"是红军长征精神的具体体现，"雪山草地"亦由此被赋予新的含义而成为阿坝州的代名词[9]。红军战士不仅在此创造了许多惊天动地的人间奇迹和英雄伟绩，留下了一系列红军长征遗迹（已有10处被列入国家重点文物保护单位"阿坝州红军长征遗迹"，见表2），还与阿坝州人民结下了鱼水深情，因此毛泽东同志曾形象地称长征在阿坝的这段历程为"牦牛革命"。

除此之外，还有体现汶川抗震救灾精神的映秀新城、渔子溪公墓、漩口中学遗址等，这些地方成为汇集中华大爱的红色旅游新景点。

（四）神秘的宗教文化

阿坝州宗教种类齐全，既有本土的藏族苯教、藏传佛教和羌族释比万物有灵信仰，也有汉传佛教、道教和来自域外的伊斯兰教和基督教等，其中影响最大、传播范围最广的是藏传佛教。藏传佛教的五大教派（格鲁派、宁玛派、萨迦派、噶举派、觉囊派）和苯教在阿坝州均有传播（藏族宗教及寺院分布见表6）。因此，在阿坝州可以完整地领略藏族宗教文化。普通民众对于宗教的感知主要来自宗教节日，如藏族宗教中的莫郎节、燃灯节，羌族祭山会、黄龙庙会以及伊斯兰教的古尔邦节、开斋节等。

表6　藏族宗教及代表性寺院

宗教		代表性寺院
苯教		雍忠寺、苟象寺、扎如寺等
藏传佛教	宁玛派	棒托寺、麦洼寺等
	格鲁派	大藏寺、格尔登寺、察柯寺、达扎寺等
	觉囊派	措尔机寺、泽不基寺、藏哇寺等
	萨迦派	求吉寺、玉瓦寺等
	噶举派	西巴寺、曾克寺、古日巴寺等

在宗教文化的物质形态和非物质形态中，与之相关的棒托寺、达扎寺、措尔机寺、甲扎尔甲山洞窟壁画、大藏寺、沃日官寨经楼与碉中的多处文物点被列入国家级重点文物保护单位（见表2）；佛教音乐之觉囊梵音也被列入国家级非物质文化遗产名录（见表4）。

宗教文化本身具有神秘性，还具有鲜明的地方特色和民族特色，是吸引国内外旅游者的重要旅游资源。

三、乡村振兴与文旅融合之路径

（一）乡村振兴政策的由来

鸦片战争后，在“数千年未有之大变局”的演变态势中，中国传统“重农抑商”政策终被“重商”政策所替代。“商本”替代“农本”的历史趋势在洋务运动、戊戌变法的历史进程中被反复强化，几乎成为朝野上下的共识。然而，到20世纪初，“重农”思潮开始复苏，使得“农业立国”还是“工业立国”成为各界争议的一个焦点。随着乡村的经济、社会、教育等诸多问题的逐渐凸现，米鉴三、米迪刚、晏阳初等部分有识之士开始呼吁重视乡村社会问题，并转而推行“村治”“乡治”“乡村自治”等社会实验，在此基础上，开始从不同角度提出了“乡村建设”的思想和主张。

20世纪20年代后期农村建设尝试失败后，新农村建设仍然成为改造中国社会的一种渴望。1956年党的“八大”后，社会主义建设全面展开，农村建设发展道路的探索进入新的历史阶段，开始明确提出“建设社会主义新农村”的思想。2005年，在跨入新世纪不久，在新的历史背景下，党的十六届五中全会再次提出“建设社会主义新农村”思想，具有更为深远的意义和更加全面的要求[10]。

2017年10月18日，在党的十九大报告中习近平同志提出了“乡村振兴”战略。农业农村农民问题是关系国计民生的根本性问题，必须始终把解决好“三农”问题作为全党工作的重中之重，切实实施乡村振兴战略。2018年2月4日，公布了2018年中央一号文件，即《中共中央国务院关于实施乡村振兴战略的意见》。实施乡村振兴战略，坚持党管农村工作，坚持农业农村优先发展，坚持农民主体地位，坚持乡村全面振兴，坚持城乡融合发展，坚持人与自然和谐共生，坚持因地制宜、循序渐进。

这与之前提出的“新农村建设”的要求是一脉相承的。但叫“乡村振兴”，为什么不叫“农村振兴”？一字之差，“农村”更突出农村是搞农业的地方，是农民生产生活的地方；“乡村振兴”更突出地域概念，不光是农业，乡村不能只搞农业，而且乡村今后也不光是农民生产生活居住的地方[11]。

（二）乡村振兴与文旅融合路径

阿坝州自然和人文条件突出，神秘奇特的自然风光和多民族的古老文化在此浪漫相遇，随处按动相机快门，都是一幅自然与人文相宜的美景。如上文所述，“乡村振兴”更突出地域概念，乡村不能只搞农业，对于缺乏其他产业优势却有文化旅游潜力、自然环境优美的阿坝州的许多乡村，应因地制宜地利用当地独具魅力的自然和人文资源优势让生活在其间的人民受益，让乡村群众吃上“旅游饭”。

第一，打造具有乡村特色的文创产品。文创进乡村，是实现乡村改造的另一条路径，其价值在于通过场景再造，而这些场景是可以消费和产品化的，可在乡村形成一条新的产业链。在这方面，阿坝州可借鉴做了大量尝试并取得不错成效并且也拥有大量古村落资源的福建省的经验，利用好阿坝州已有的36处国家级传统村落，发掘与开发村中所蕴藏的历史传统、建筑形制、古老宗教等人文资源和自然美景，打造具有乡村特色的文创产品，这样既可以保护传统文化形式，也可以为乡村发展的源头注入活水。如福建省龙岩连城县宣和乡培田村，通过举办春耕节、培养民间技艺传承人、建立特色工坊等方式，传承染织、剪纸、山歌童谣等非物质文化遗产，留住“活着”的古村落。“文化是旅游之魂，旅游为文化之体”，魂体整合，合二为一，才具有生命力。

第二，合理开发利用旅游资源。围绕阿坝州“一州两区三家园”战略目标和建设川西北生态示范区，构建“一屏四带、全域生态、三地共建、五业同优”的发展格局，突出各乡村生态和文化特色，注重文化与旅游双向互动、融合发展，完善乡村环境基础设施，加强乡村生态环境监管。整合旅游资源，突出特色引领，弱化旅游“淡旺季”，拉长旅游时间链条，开发冬季旅游和季节互补旅游产品，打造不同时节旅游重点，缓解因游客在夏季和黄金周集中进入造成的环境压力。引导扶持乡村旅游发展，实现“季季皆风景、全时有看点”目标。坚持融合发展，促进旅游向生态旅游、文化旅游、康养旅游等多元复合旅游转型，实现“行行融旅游、多元促发展”目标。

第三，选择适合各村自身发展的旅游开发模式。乡村旅游的经营模式众多，有“农户＋农户”模式、“公司＋农户”模式、“公司＋社区＋农户”模式、公司制模式、股份制模式、“政府＋公司＋农村旅游协会＋旅行社”模式、“政府＋公司＋农户”模式、个体农庄模式等，但各乡村应因地制宜，明确各模式之利弊，平衡资源的利用和利益的分配，选择最适合自己的经营发展模式。

第四，扎实推进“美丽乡村”建设。习近平总书记多次指出：在促进精准扶贫以及发展过程中，“既要金山银山，也要绿水青山，绿水青山就是金山银山”。这就意味着在进行乡村振兴的过程当中，应该扎实推进美丽乡村建设。扎实推进美丽乡村建设是乡村振兴的基础，不仅应注重改善现有的乡村面貌，推动乡村基础化建设，还应该注重乡村呈现出来的村容、村貌以及村风的改善，让“美丽乡村”成为广大居民的福祉所在，将乡村的物质文明建设与精神文明建设有机地融合在一起，才能够实现乡村振兴的可持续发展。

参考文献：

[1] 费孝通. 乡土中国[M]. 北京：北京出版社，2004：1－2.

[2] 习近平.决胜全面建成小康社会夺取新时代中国特色社会主义伟大胜利——在中国共产党第十九次全国代表大会上的报告[EB/OL].(2017－10－28)[2019－01－02].http://cpc.people.com.cn/n1/2017/1028/c64094-29613660.html.

[3] 中共中央国务院关于实施乡村振兴战略的意见[EB/OL].(2018－02－04)[2019－01－02].http://www.gov.cn/zhengce/2018-02/04/content_5263807.htm.

[4] 黄兴初.阿坝文化史[M].成都:四川民族出版社,2006:166.

[5] 威尔逊.威尔逊在阿坝[M]红音,干文清,编译.成都:四川民族出版社,2009:28.

[6] 威尔逊.威尔逊在阿坝[M]红音,干文清,编译.成都:四川民族出版社,2009:42.

[7] 斯诺.红星照耀中国[M]胡愈之,等,译.北京:解放军文艺出版社,2002:序言.

[8] 索尔兹伯里.长征——前所未闻的故事[M]过家鼎,程镇球,张援远,等,译.北京:解放军出版社,2008:5－6.

[9] 阿坝州政协文史和学习委员会.红军长征过雪山草地大事记[M].阿坝州:阿坝州政协文史和学习委员会印,2016:前言.

[10] 王先明.中国乡村建设思想的百年演进(论纲)[J].南开学报(哲学社会科学版),2016(1):1－26.

[11] 韩俊."乡村振兴"为啥不叫"农村振兴"?[EB/OL].(2018－07－17)[2019－01－02].http://www.sohu.com/a/241654015_774978.

基于馆校合作的研学旅游研究

——以国家典籍博物馆为例

王晓丛(国家图书馆)

一、引言

2016年12月19日,教育部等11部门联合发布《关于推进中小学生研学旅行的意见》(以下简称《意见》),对中小学生研学旅行做出规范并提出指导性策略。要求中小学校把研学旅行与综合实践课相结合,全面提升素质教育的同时,促进学生主体的个性化发展[1]。研学旅行课程的开设离不开校外资源的支持,随着学校课程的多元化开发、开放式教学的大规模应用,馆校合作成为供给研学旅行校外资源的必要条件。以互联网、移动终端设备迅猛发展为标志的文化大数据时代,正在对中国现代教育体系提出前所未有的挑战。

以国家图书馆为依托的国家典籍博物馆,是以展示中国典籍、弘扬中华文化为宗旨的国家级博物馆,也是国家图书馆在社会教育职能方面的新拓展。它是集典籍收藏、展示、研究、保护、公共教育、文化传承、文化休闲于一体的综合性博物馆,也是中华典籍文物的收藏中心、典籍文化的展示中心、典籍文化的研究中心、世界典籍文化的交流中心、文化教育基地和公众文化休闲中心。随着馆校合作的社会趋势和研学旅游发展的主观需求与政策支持,场馆与学校之间的互联互通势必为发展研学旅游提供客观支持和有力保障。如何更好地在馆校合作的基础上开发研学旅游资源是亟待研究的问题。有鉴于此,笔者选择首都北京的场馆——知名博物馆、科技馆、美术馆等具有与文化、历史、艺术、科学技术相关的公共展示及教育的开放场所,对其馆校合作与研学旅游情况进行对比分析,以期为国家典籍博物馆研学旅游开发提供参考策略,辐射以海淀区为中心的馆校合作及全国中小学的研学旅游,使国家典籍博物馆成为重要的青少年教育基地和传统文化传播基地,实现线上线下综合教育模式,为弘扬和发展中国传统文化提供重要平台。

(一)研究内容

本研究以馆校合作化的研学旅游为主要研究对象。首先,全面了解本领域的研究现状是本研究展开的重要基础,这既包括全面地搜集本领域的国内相关项目开展情况,包括对国内研究现状和进展,在对馆校合作化的研学旅游的研究现状进行较为全面、充分的文献调研和分析的基础上,从首都影响力较大的五家知名场馆中选择实体资源、课程资源、线上数字资源、研学活动等内容进行全方位分析。

(二)研究意义

1. 更好地实现馆校合作

一方面,中小学研学旅游发展需求正迅速增长,因此必然需要以地理空间为基础的场馆活动的拓展,馆校合作在一定程度上解决了这个问题,而馆校合作的研学课程资源开发,一方面能实现国家典籍博物馆的社会教育功能,另一方面又解决了中小学在国家典籍博物馆场馆课程利用率低、使用效果一般等问题,使得场馆与研学旅游利用都得以有效解决。另外,中小学研学旅游已成为一种社会教学趋势,但由于多种原因,国家典籍博物馆并没有与学校开展有效合作与资源开发,使得有些中小学生的研学旅游需求没有得到充分满足。

2. 帮助提高整体研学旅游的质量和水平

通过馆校合作的加强,形成一定的资源和课程优势,便于从艺术教育、文化历史等方面的视角去发现典籍中的美,文物背后的故事,改变传统研学旅行模式中的一些问题。发挥国家典籍博物馆在青少年教育和传统文化传播方面的重要作用,实现线上线下综合教育模式。

二、国内研学旅游发展的现状

(一)研究现状

本文所有文献都来自中国知识资源总库平台(中国知网 CNKI)。以“研学旅行”或“馆校合作”为检索词检索中文期刊数据库,共检索到2010年至2018年9月的相关文献514篇,其中CSSCI期刊31篇,中文核心期刊62篇,在此基础上剔除部分不太相关的内容,最终以15篇关键文献作为研究基础。从这些文献可以看出,近些年的研学旅行逐步受到研究者关注,以馆校合作为基础的研学旅游资源开发策略也有少量文章进行涉猎。在以创新理念为特色的校内外教育活动中,研学旅游是一大热门,研学旅游的发展背景、相关政策、教育理论基础和实施现状与问题都是主要研究领域。同时,研学旅游不只是在我国掀起热潮。20世纪90年代,日本、韩国、欧美等发达国家的游学都迅速发展起来。综合来看,他们的游学发展也是相对成熟,也有一定馆校合作的模式和基础,市场和机制也更利于游学的效果。在研学旅游文献中,国内以研学旅游和馆校合作为研究范围的外延都比较广泛,很多没有深入结合地域特点、场馆实际情况、馆藏特色资源状况等进行分析和思考,因此无法提出相对于场馆自身的研学建设的建议。

(二)首都主要知名公共场馆研学旅游发展的现状及分析

本次调研统计选取故宫博物院、国家博物馆、首都博物馆、中国美术馆、中国科技馆,五家场馆的研学旅游活动及网站相关揭示作为研究分析的对象。五家首都知名公共场馆研学旅游开设相关课程内容情况如表1所示。

表1　五家首都知名公共场馆研学旅游发展现状情况统计表(截至2018年9月)

项目 场馆名称	网站一级页面导航	教育活动内容	展厅活动	在线学习	特色资源下载	出版物	在线展览	讲堂	专题活动	互动体验区	艺术教育课程
故宫博物院	√	成立教育活动中心;八旗&石子画(小学组);刻章&藏品阅读(中学组);中印佛教雕塑展教师工作坊(教师)	√	√			√	√	√	√	√

续表

项目 场馆名称	网站一级页面导航	教育活动内容	展厅活动	在线学习	特色资源下载	出版物	在线展览	讲堂	专题活动	互动体验区	艺术教育课程
国家博物馆	√	阳光少年——面向家庭观众;四个一工程——面向学校团体;社会大课堂——面向学校班级;文化博览——面向成人观众	√		√		√	√	√	√	√
首都博物馆	√	开设少儿网站,主要有以下板块:宝典爷爷讲故事;祖爷爷的玩具;中华民族传统美德;身边"国保"知多少;爱北京游北京;中小学生自我保护	√	√	√		√	√	√	√	√
中国美术馆	√	跨界体验夏令营;教师沙龙;艺术讲堂;特殊人群体验活动;家庭艺术体验节	√	√	√	√	√	√	√		√
中国科技馆	√	中科馆大讲堂;科普活动实验室;科学表演	√	√	√				√	√	

选取的五家场馆都是公益性的文化事业单位，跟国家典籍博物馆的性质基本相同。他们都设有官方的门户网站。在他们网站的一级栏目中分别以“教育”“公共教育”“少儿网站”“传播教育”“教育活动”来命名。通过网站一级栏目命名不仅可以看出五家“场馆”对于研学的重视程度，而且以场馆资源为基础，提供了大量研学相关的服务。

1. 研学旅游资源整体较丰富

五家场馆的空间面积都很大，场馆设计的硬件设施和软件环境相对都很成熟，都具备独特的馆藏风格，并能在公共服务中很好的发挥这些优势。以自身馆藏资源为依托，发挥自身场馆属性，五家场馆都有线下展厅活动，多数具有线上展览，实现了线上线下相结合的研学方式。五家场馆不仅为游学开展奠定了客观基础，拓宽了中小学生的视野，更能打破学校教育模式的僵化，从行走的场馆中体验浸润式的教学，提升中小学生的获得感和满足感。相较于学校来说，场馆游学获取知识的方式和范围更广泛，开展深度学习和培养核心素养可以得到较好地实现。

2. 创设各自特色课程，开展多种专题活动和互动体验方式

五家场馆都有基本的实物资源和常规化的研学教育活动内容，并以特色资源、服务群体、服务内容、特殊时间段为基础创设各自的游学特色课程。相较于其他四家场馆，故宫博物院创立了教育活动中心：以中心建制为保障，为多种不同需求的用户和群体提供各种游学相关的各种特色服务。同时，如图1、图2所示，故宫研学课程的开设不光把学习主体的学生引入到场馆中体验研学，也把教学主体的老师吸引到场馆中提升和创作。这不仅为特色场馆资源的开发提供了人力支持和专业保证，也为特色专题活动及互动体验方式创造了更多可呈现形式。首都博物馆则在线上开设了少儿网站栏目，以年龄群体作为标准，把网站一级栏目的资源对象加以区分，更好地划定了研学的服务主体和服务范围，实现快速化的线上线下活动互通互联。

3. 打造满足不同年龄人群需要的研学形式，创设不同学习情境

由于不同年龄段的人有着不同的认知发展需要和心理反应状况，针对中小学生的关键期教育和成人的社会化教育有很大差别。研学旅游越来越受关注，场馆课程资源类型多种多样，已开发的特色课程都以不同年龄群体为主要划分方式，打

造满足不同需求的专题化研学资源。根据不同年龄层次，创设真实学习情境，在真听、真看、真感受中，促进学生认知、情感、技能的全方位提升。如图 3 所示，国家博物馆以不同年龄群体和不同群团属性创设了针对家庭、学校团体、学校班级、社会观众的不同课程类型体系。在每个课程体系类型下，又设置了不同的精细化、多元化的研学课程内容形式，既能纵向地满足不同年龄人群的需求，也能横向地满足同一年龄人群不同认知水平的需求。

图 1　故宫小学组特色主题课程

图 2　故宫中国佛教雕塑展教师坊作品

图 3　国家博物馆研学课程分类

三、以场馆为基础的研学旅游经验总结及针对性思考

(一)开发以馆藏特色为基础的研学旅游有重要价值

开发研学旅游课程内容要以馆藏特色资源的风格为基础,统筹协调,系统整合。场馆资源是以物理空间为基础的建筑集合体,既有建筑、藏品、环境、人力、网络技术等资源,又有历史、科学、艺术等类型的资源。因此,在以上五家调研的场馆中也不难看出,都有开设与场馆相关的展览和讲座,这些内容也是对特色馆藏的基本解读和阐述,满足大家最原始最基础的研学需求。无论是场馆自身资源的利用,还是其他主题形式的开展和挖掘,都将为研学旅游课程的开发提供智力支持,可以更好地实现校内课程资源无法满足的体验,打破校内班级授课制的局限,在空间活动领域更加灵活,学生参加社会实践和自然生活的外延更加广泛。各场馆每天接待大量国内外访客和观众,学生在参观过程中可实现自身与他人的交流互动,完成自主学习和自我锻炼,参与社会实践交流的内涵更丰富。实践证明,这种校外的社会交流学习,对培养中小学生的探究能力、终身学习、核心素养方面都有十分重要的价值。

(二)加强多元化的馆校合作

馆校合作是指场馆与学校在教育活动中,基于各自的目标,主动调整各自的行为策略所采取的共建共享、互惠互动的行为。这是一种基于教育本身,在教学、课程等方面进行的深度合作[2]。活动是馆校合作的载体,是联结场馆和学校的桥梁,也是促进馆校交流常态化,加强彼此合作的重要纽带。目前,中小学与场馆的合作有到校服务、驻校服务、外借教具、开发远程教育、参观游览、宣传讲解、志愿者服务等[3]。场馆是研学旅游活动的提供者和参与者,研学旅游课程资源建设方面,需要了解用户群体的需求,为其提供多元化、系统化的服务。深化馆校合作活动是保证合作长效性的有效算途径。充分发挥场馆课程资源价值优势,立足学情、区域,积极和周围学校建立联系,做好场馆的宣传和推广。

(三)加强与社会教育机构的合作,推动整合场馆资源

在研学旅游背景下,帮助学校做好研学旅游是博物馆等场馆的最新课题,这是因为教育作为场馆的重要属性不仅缘于其百年之余的事实存在和社会赋予场馆的文化担当,更为重要的是,始于场馆自身所体现的教之本质,即“展品即知识”“参观即学习”“场馆即教之域”[4]。随着研学旅游的不断发展和持续受关注的趋势,社会教育机构的研学旅游也缤纷多样。在打破校舍和场馆的有限区域里,有些机构的研学旅游形式确实更加强调孩子教育的主体作用和互动体验,把自主学习和核心素养从“非正式学习”中有效展开,做到了寓教于乐的浑然统一。

如图4—图7所示,两个社会教育机构的专题研学课程丰富多彩,艺术特色的研学旅游《大自然小完美艺术馆 · 让你离天近一点,近一点,再近一点》,建筑特色的研学旅游《青蜜 · 研行家城市写生——清华博士带你手绘老北京古建筑:妙应寺 法源寺 钟鼓楼》都有新颖的主题、巧妙的构思,通过以点及线、由线到面的知识网络在场馆外域探索,在行走中培养孩子们的观察、思考和艺术表达能力。这些社会机构的特色研学课程,把特色的主题发挥得淋漓尽致,还融入互动式体验,提升孩子的空间逻辑思维能力和艺术审美能力等多种感官能力,也为我们特色课程的创设加深了认识,开阔了思路。

图4 艺术特色研学旅游作品展示

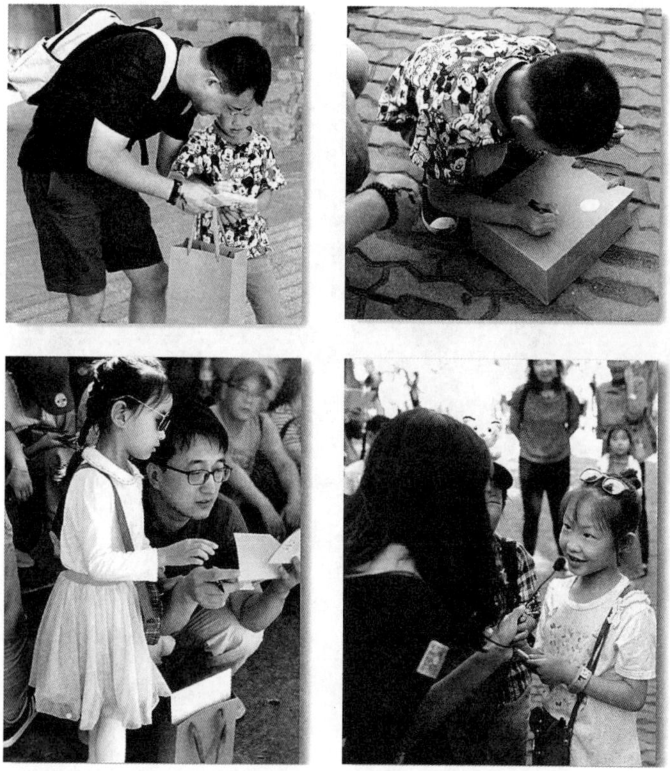

图 5　艺术特色研学旅游课程实践

图 6　建筑特色研学旅游课程场馆写生

图 7　建筑特色研学旅游课程的家庭亲子互动

四、对国家典籍博物馆研学旅游开发的建议

（一）开发馆内特色研学课程

首先从名字上，国家典籍博物馆就有了基本定义和特色所在。典籍的展览形式和传播教育相对其他类型的藏品有较大的客观难度。在馆校合作为基础的研学旅游被大力推广的趋势下，国家典籍博物馆的特色资源课程开发具有重要的现实意义和价值。现存的场馆环境、空间展陈、标识导视、实体典籍及数码模型等部分，都是馆内的特色资源。开发这些资源可以更好地为研学旅游提供主题化的服务。国家典籍博物馆研学特色课程可以根据历史、艺术、文化进行类型化资源开发和管理，也可以根据面向不同年龄人群、不同需求群体进行需求化开发和管理。课程资

源的开发和管理主要有以下两部分,一是内容分类管理,通过类别设定来管理馆内不同课程资源内容;二是内容聚类整合,按照某一方式如专题把内容重新整理和组织,从而实现系统化和结构化的整体课程资源体系。

(二)搭建馆校协作平台

特色研学课程的开发,一方面可以由国家典籍博物馆的馆员和历史学、艺术学相关的专业人员设计参与,另一方面可以加强馆校合作,让学校的老师、政府部门的教育人员、社会的教育学者一同参与完成。以此搭建馆校协作平台,明确合作前提,深化合作机制。比如对典籍博物馆自身资源的认知和挖掘:除了为中小学提供研学旅游外,还承载着国内外游客和观众参观的职能。由于中小学生存在管理难、照料精力投入大等问题,在不影响正常运行情况下,根据现有资源,增加开放性、公益性、实践性、拓展体验、历史艺术等专题设计,提升中小学研学游的参与度。由于场馆工作人员的专业技能主要侧重在展览展陈、专业知识,在课程设计、教学实践等方面的能力还比较薄弱,因此建立有效沟通机制、加快课程开发、推广教育培训都是深化馆校合作的重要保障,这也是搭建馆校协作平台的基础。

(三)提高数字资源揭示度,加强数字资源使用率

以调研分析的五家场馆的门户网站建设为例,以研学为主的“公共教育”部分都放在网站一级栏目,也都有相关的二级专题板块来展示特色课程内容。国家典籍博物馆的门户网站在国家图书馆门户网站的一级栏目上,但国家典籍博物馆的门户网站首页并没有把研学为主的“公共教育”栏目放在第一层级,只在右下方有“社会教育”的板块,内容也不太多。下一级页面的板块里也没有太多资源展示和下载界面的布局。因此典籍博物馆要提升门户网站的导航设计,提高数字资源的揭示度,用更好的呈现方式促进研学发展的资源建设。国图公开课为主的线上课程可以为中小学研学前期进行科普性的知识挖掘和自主学习提供条件。以国家图书馆的数字图书馆为依托,在视听空间、多媒体技术等方面,发挥各种数字资源数据库、图书、视频、图片等的优势,促使国家典籍博物馆资源进行研学课程化加工。

以典籍为背景去发现文字中的美,凭借典籍特色的博物馆课程是由单一型、专

题型的课程不断向结构化、系统化的方向发展的。以馆校合作为基础的研学旅游可以更好地传承国家典籍博物馆历史，重拾文化记忆。文化与旅游的融合，历史与现实的统一，国家典籍博物馆与学校的创新，都将会在馆校合作的研学旅游中不断进行创造性转化和创新性发展。以文字载体为特色的中国传统文化，不仅可以加强青少年德育教育的培养，也能增强中华民族的自信心和自豪感，从伟大的过去汲取养料，创造光辉的未来。

参考文献：

[1] 中华人民共和国教育部. 读万卷书也要行万里路——教育部等 11 部门《关于推进中小学研学旅行的意见》[EB/OL].(2016-12-19)[2017-5-25]. http://www.moe.edu.cn/jyb_xwfb/gzdt_gzdt/s5987/201612/t20161219_292360.html.

[2] 宋娴. 中国博物馆与学校的合作机制研究[D]. 上海：华东师范大学，2014.

[3] 王牧华，付积. 论基于馆校合作的场馆课程资源开发策略[J]. 全球教育展望，2018，47(4)：42-53.

[4] 王乐. 馆校合作——基于中英比较的视角[D]. 武汉：华中师范大学，2015.

论公共图书馆如何服务研学旅游

——以国家图书馆为例

李菲菲(国家图书馆)

近年来,随着我国旅游业和文化产业的发展,研学旅游逐渐成为旅游领域、教育领域和文化领域的热点,国家对研学旅游也越来越重视。2012 年《国民旅游休闲纲要》提出要“逐步推行中小学生研学旅行”[1];2014 年 8 月 21 日,国务院《关于促进旅游业发展的若干意见》指出,“将研学旅行、夏令营、冬令营等作为青少年爱国主义和革命传统教育、国情教育的重要载体,纳入中小学生日常德育、美育、体育教育范畴,增进学生对自然和社会的认识,培养其社会责任感和实践能力”[2];2016 年 11 月 30 日,教育部等 11 部门就推进研学旅游发布了《关于推进中小学生研学旅行的意见》[3];2016 年 12 月 19 日,国家旅游局发布《研学旅行服务规范》,于 2017 年 5 月 1 日起正式实施。2018 年 3 月,文化部和国家旅游局职责整合,组建文化和旅游部,“文旅融合”已成为切实发展方向。文化和旅游的融合发展,既是公共图书馆发展的重大契机,又是公共图书馆面临的全新挑战。公共图书馆作为公共文化服务体系的重要组成部分,承担着传播知识,服务社会的重要职责,应充分发挥资源优势,为中小学生开展研学旅游提供切实有效的服务。

一、研学旅游的内涵

目前国内对研学旅游并无一致的定义。教育部等 11 部门《关于推进中小学生研学旅行的意见》指出,中小学生研学旅行是由教育部门和学校有计划地组织安排,通过集体旅行、集中食宿方式开展的研究性学习和旅行体验相结合的校外教育活动，是学校教育和校外教育衔接的创新形式，是教育教学的重要内容，是综合实践育人的有效途径[4]。从广义上说，研学旅游就是中小学生通过集体旅游，进行研究性学习和体验式教育的一种教育旅游活动。通过有计划、有组织地开展研学旅游，能让中小学生真正的投入社会、感受生活，体验更多书本上学不到的文化知识，将“读万卷书”与“行万里路”充分结合，对中小学生开阔视野、提高创新能力，形成科学的文化价值观和促进全面发展具有重要的现实意义。

二、公共图书馆服务研学旅游的优势

（一）公共图书馆丰富的馆藏文化资源，是服务研学旅游的基础优势

图书馆是“知识的宝库”“智慧的源泉”，公共图书馆是收集、保存文化资源的专门机构，其馆藏资源包罗万象。除了传统文化资源外，各地公共图书馆还拥有大量具有当地特色的地方文化资源，能深刻反映当地自然环境和社会环境的发展和现状，涵盖了历史、地理、名胜古迹、经济、政治、文化等各个方面，凝聚着城市文化的精髓，是一个地区历史文化资源的聚集地。公共图书馆丰富的馆藏文化资源，对深化研学旅游的文化内涵具有积极的促进作用[5]，也是研学旅游在公共图书馆有效开展的基础。

（二）公共图书馆的外在环境和内在氛围，是服务研学旅游的场地优势

公共图书馆的建筑设计一般具有深厚的文化底蕴，省级以上公共图书馆的建筑都与当地的文化传统、地域文化、地形地貌有着紧密的联系，是一个城市的文化地标，各省、市公共图书馆也是当地文化旅游的重要目的地。各个年龄阶段的读者在公共图书馆查阅资料、读书研究、获取信息、参与活动，形成浓厚的文化氛围。国家图书馆是亚洲规模最大的图书馆，其主楼为双塔形高楼，采用双重檐形式，孔雀蓝琉璃瓦大屋顶，淡乳灰色的瓷砖外墙，花岗岩基座的石阶，再配以汉白玉栏杆，通体以蓝色为基调，整体格调庄重典雅、大气恢宏，是来京游客必不可少的目的地之一。国家图书馆的读者群体覆盖各个年龄阶段，既有大中小学生、各行业工作人

员，还有退休老同志等，他们都能在国家图书馆满足自己的基本文化需求，他们的参与也给国家图书馆营造了良好的文化氛围。每年的节假日和寒暑期都有一大批中小学生到国家图书馆参观浏览，参与国家图书馆的互动体验活动，感受文化的魅力。公共图书馆的外在环境和内在氛围，共同构成了服务研学旅游的场地优势。

（三）公共图书馆馆员对中小学生心理特征和文化需求的了解，是服务研学旅游的核心优势

公共图书馆的服务对象具有全社会性的特点，不少公共图书馆还专门设置了少年儿童阅览区或少年儿童馆，并根据少年儿童的特点配备了相应的专业工作人员。公共图书馆馆员在长期开展面向少年儿童阅读指导和社会教育活动中，对中小学生的心理特征、知识水平和文化需求都有较深入的了解和认识，并在实践中积累了丰富的服务经验，能针对不同年龄阶段的学生制订个性化的研学旅游服务，这是公共图书馆服务研学旅游的核心优势。

（四）公共图书馆文化服务功能的多样性、公益性和可参与性，是服务研学旅游的特色优势

目前国内大部分的公共图书馆除纸本图书阅览室外，都配有相应的展览厅、音乐厅、视听区、电子阅览室等公共文化场所。借助这些文化场所，公共图书馆通过开展各类公益性讲座、阅读推广、培训、展览等活动，能为中小学生提供丰富的文化体验和互动活动。公共图书馆的文化服务功能具有多样性、广泛性、开放性和公益性，能满足多样化的文化需求，从而提高研学旅游的可参与性，形成研学旅游特色优势。作为国家总书库的国家图书馆，始终秉承“传承文明、服务社会”的宗旨，以传承和弘扬中华优秀传统文化为主线，不断创新服务理念，积极拓展社会教育职能，提高全方位、全媒体、多品种的服务能力，并针对中小学生的知识结构、兴趣爱好等提供了大量丰富的文化体验和教育互动活动。

三、公共图书馆服务研学旅游的途径和举措

(一)加强文化教育资源的深层次开发与整合,丰富研学旅游文化内涵

对海量的馆藏资源进行深入研究和开发,是公共图书馆为中小学生开展研学旅游服务应做的基础工作。可围绕“弘扬优秀传统文化”这条主线,将适合中小学生的文化教育资源进行归类,整合成一套系统化、科学化的资源体系,丰富研学旅游的文化内涵。在资源开发和整合过程中,还应当充分借助各个领域的专业力量,如可邀请历史、文学、绘画等不同领域的专家学者共同挖掘和研究,提升公共图书馆文化教育资源的广度和深度。例如,国家图书馆充分挖掘、利用馆藏文献资源及典籍博物馆的资源,从 2014 年 11 月起,定期开展“走进典籍博物馆大课堂”系列活动。组织学生到典籍博物馆,以现场参观讲解与互动相结合的教育模式,可以让学生们在“游玩”的同时体验传统文化的魅力。与中科院附属实验中学合作举办“青少年走进典籍博物馆互动体验系列活动”之“灿烂的中华文化”,与中国书法家协会、朝阳区教研中心等单位合作开展“名家带你临名碑”“跟着赵广智爷爷走进‘样式雷’”等活动[6],极大地丰富了研学旅游的文化内涵,受到参与各方的一致好评。

(二)分级策划,分类指导,提高研学旅游活动的参与度

受年龄、知识水平等制约,小学生、初中生和高中生的接受能力、学习能力、心理需求等都存在一定程度的差异。采取分级策划和分类指导的措施,通过研究分析各个年龄阶段中小学生的知识水平、心理需求、文化需求等,以个性化服务推出相应的研学旅游产品和活动,能有效提高研学旅游活动的参与度。2016 年,北京市海淀区获得国家首批“中国研学旅游目的地”称号后,海淀区旅游发展委员会与国家图书馆合作推出“悦读之旅”活动。针对不同年龄阶段学生的特点,推出了“诵读经典”“商王的一天”“数字图书馆互动体验”“《诗经》到《红楼梦》——那些年我们读过的经典”“时光印记——活字印刷体验”等活动,融讲解、体验、互动于一体,通过馆员讲解、手工互动、新媒体技术体验、角色扮演、游戏等形式,既让学生

们在“游”“学”交融中增长见识、锻炼动手能力、增强文化自信，又让不同年龄阶段的学生们得到相应程度的脑力、体力的锻炼提高。

（三）打造品牌，开发相关文创产品，推动研学旅游服务的可持续

公共图书馆应根据馆藏特色，结合地域特点，打造多层次、系统化的研学旅游品牌，着力提升研学旅游服务的品质。在此基础上，不断创新形式，丰富品牌活动，吸引更多学生参与，推动研学旅游服务的可持续。2018 年 8 月，国家图书馆与北京市海淀区旅游发展委员会共同组织开展“文旅·融合·创新——首届海淀区研学旅游季”系列活动。此次研学旅游季系列活动，包含 4 项主题活动，配合开展 2 项辅助活动，启动仪式及研学旅游推介会已于 2018 年 8 月 3 日在国家图书馆举办。在打造品牌项目的同时，国家图书馆开发一批弘扬中华优秀传统文化，具有馆藏特色又符合中小学生实际需求的文化创意产品，作为公共图书馆研学旅游服务的延伸。国家图书馆依托馆藏资源，设计开发了一批体现典籍文化元素的 T 恤衫、公交卡、日历、马克杯、帆布包、书签、明信片等文创产品，这些文创产品实现了文化价值与实用价值的统一，不仅“接地气”，也能使优秀的传统文化“飞入寻常百姓家”。

（四）加强沟通合作，以“图书馆 +”模式拓展研学旅游服务

研学旅游的发展和提升，需要教育部门、文化和旅游管理部门等政府部门的支持和社会各界的共同努力。公共图书馆应该加强与教育部门、文化和旅游管理部门的汇报沟通，密切与周边文化文物单位、学校、社区的联系，整合多方资源和力量，形成“图书馆 + 学校”“图书馆 + 社区”“图书馆 + 博物馆”“图书馆 + 科技馆”等服务模式，实现资源互补，品牌互推，促进研学旅游的大融合和大发展。

文化和旅游的融合发展，是促进研学旅游发展新的契机，也给公共图书馆提出了新的要求。公共图书馆服务研学旅游具有天然的优势，但目前在服务研学旅游上存在着研发力度不够、形式单一、参与度不高、宣传不到位等问题。公共图书馆应充分发挥资源优势，通过深层次的整合研发，与各界加强沟通合作，打造品牌项目，深化研学旅游服务，为推动中小学生研学旅游健康快速发展贡献力量。

参考文献：

[1] 国务院办公厅. 国民旅游休闲纲要[EB/OL].(2013 - 02 - 18)[2019 - 01 - 02]. http://www.gov.cn/zhengce/content/2013-02/18/content_3928.htm.

[2] 国务院. 国务院关于促进旅游业改革发展的若干意见[EB/OL].(2014 - 08 - 21)[2019 - 01 - 02]. http://www.gov.cn/zhengce/content/2014-08/21/content_8999.htm.

[3][4] 教育部等11部门关于推进中小学生研学旅行的意见[EB/OL].(2016 - 12 - 19)[2019 - 01 - 02]. http://www.gov.cn/xinwen/2016-12/19/content_5149947.htm.

[5][6] 徐云平. 国家图书馆文化创意产品开发工作研究[J]. 河北科技图苑,2018(7):3 - 7.

中小学校开展研学旅行的研究

张森(北京实验学校)　索利刚(中湘鑫盛教育科技有限公司)
线磊(北京育才学校)

一、我国研学旅行的现状

2013 年 2 月 2 日,国务院办公厅印发关于国民旅游休闲纲要的通知《国民旅游休闲纲要(2013—2020 年)》,纲要提出“逐步推行中小学生研学旅行”的设想。随着各项政策的出台(详见表 1),研学旅游项目不断增多,国家也拿出大量经费支持中小学校组织学生开展研学旅游。学校作为研学旅游的重要组织者,要明确研学旅游的意义和目的,切实组织好学生的研学活动,让学生获得实际的收获。

表 1　现行关于研学旅行的政策文件

时间	部门	文件	主要内容
2013 年 2 月	国务院	《国民休闲旅行纲要》	逐步推进中小学研学旅行,鼓励学校组织学生进行课外实践活动
2014 年 7 月	教育部	《中小学赴境外研学旅行活动指南》	举办者安排活动的内容安排、行程培训、安全保障等提出指导意见。提出了行业基本标准和规则
2014 年 8 月	国务院	《关于促进旅游业改革发展的若干意见》	将研学旅行、夏令营、冬令营等纳入中小学生日常德育、美育、体育的教育范畴
2015 年 8 月	国务院	《关于进一步促进旅游投资和消费的若干意见》	将研学旅行纳入学生综合素质教育范畴。支持建设一批研学旅行基地,建立健全研学旅行安全保障机制

续表

时间	部门	文件	主要内容
2016 年 1 月	教育部	《2016 工作要点》	加强研学旅行工作,交流各地经验做法,把推动建立研学旅行统筹协调机制。推动开展形式多样的教育实践活动,促进校内外教育衔接
2016 年 2 月	旅游局	首批“中国研学旅游目的地”和“全国研学旅游示范基地”	授予北京市海淀区、安徽省黄山市、江西省井冈山市等十个城市为“中国研学旅游目的地”
2016 年 12 月	教育部等 11 部门	《关于推进中小学研学旅行的意见》	首次多部门联合落实、推行研学旅行
2017 年 11 月	教育部	《中小学综合实践活动课程指导纲要》	包括研学旅行在内的综合实践活动成为中小学生必修课程

随着政策的支持,更多的研学旅行项目不断产生,各中小学校也将越来越多地组织学生参与各类研学活动。

据相关机构调查,约四分之三的受访者表示了解研学旅行,80% 左右的人表示对研学旅行很感兴趣,六成左右受访者参加过研学旅行。在参加过研学旅行的受访者中,70% 左右的通过学校和教育机构参与研学旅行,90% 左右对研学旅行表示基本达到 80 分满意水平。从参加研学旅行的意愿调查来看,70% 的人期望旅行时长是 6—10 天,人均花费能接受在 3000—10000 元的所占比例达 88% ,64% 的人认为目前市场上的研学旅行产品能满足需求。由调查结果可以看出,越来越多的人了解并愿意接受研学旅行,而学校组织学生进行研学活动也必将成为趋势。

二、国外的研学经验

(一) 日本的研学经验

日本的“修学旅行”是二战后开始兴起的,并纳入了学校教育法。日本规定学生从小学到大学必须完成在本国的修学旅行活动,该国政府部门对研学旅游有着非常严格的管理制度,从学习传统文化知识、参观历史古迹、访问学者,到涉及职业选择、自然体验、考察先进企业等各种活动。每年各地教育主管部门出台本年度修学旅行的实施细则,具体包括实施旅行天数、行程、所需费用等,辖区内的中小学校都需要遵照执行。

(二)韩国的研学经验

韩国政府鼓励学生了解本国的文化遗产,接受相关教育。韩国的中学生几乎都参加过各种类型的研学旅游,其中毕业旅行是比较有特色的活动。韩国教育部门规定,毕业旅行作为学生的一项必修科目,纳入学分管理,学生只有参加并完成相应任务才可以毕业。

(三)英国的研学经验

早在 17 世纪英国王室就有教师带领王子们周游列国的活动,后来发展到上层社会,之后逐步被所有人接受。现如今,几乎所有的学生都会参加学校组织的出游,在旅途中学习知识。

三、研学旅行对中小学生个体发展的意义

研学旅行可以培养学生的自理能力、创新精神,让学生与自然和文化更加亲近,增加社会公共道德的体验。另外,还可以在以下几个方面促进学生发展。

(一)开阔视野,丰富学生的精神世界

俗话说"读万卷书不如行万里路",在研学旅游的过程中,学生可以开阔视野,用眼睛去看,用耳朵去听,用心去感觉。在"魅力湘西"研学活动中,学生来到了被称作"中国最美的小城"的凤凰古城,这里是被宋祖英歌唱到,被黄永玉画里画过,被新西兰作家路易·艾黎诗里描写过的一个具有悠久历史的千年古镇;学生们漫

步在青石板铺成的五里长街，感受芙蓉镇千年沧桑，感受湿滑和泥泞，品尝湘西苗家风味和土家族风味，体会着各民族的文化传承。这种感觉仿佛步入画中，是一种别样的感受。而这种感受是不可能仅仅凭借一段文字或一幅画作能做到的。

图1　凤凰古城民居

图2　凤凰古城城墙

带着学生行走在旅游的路上，引导他们去看、去听、去想，这才能达到知行合一的目的。

（二）让知识鲜活起来，形成立体的课程

研学旅行，还有一个大的意义在于：让课本上的知识“鲜活”了，让历史上的人物和事件清晰了，地理、历史、人物都有机结合起来，不再是一门门有着明显界限的课程，它们变得可以触摸，可以感觉。

以“水电之旅”为例：宜昌是一座因水而生的城市，因葛洲坝和三峡大坝的建设而崛起，被誉为“世界水电之都”。学生们参观了三峡大坝国际研学基地，了解清洁能源与非清洁能源的区别，知晓电力来源途径；探究能量转换的原理，参观葛洲坝船闸、体验轮船过坝的全过程，了解连通器的原理。这些都是物理学中的基本知识。宜昌市地处鄂西黄陵山地与江汉平原的接壤部位，辖区内地貌差异明显，地质构造较为复杂。学生可以观看18亿年前的远古界到距今百万年前的新生界之间的各个地质时代的地层和分布，便于学生理解地壳的运动；了解水资源的构成，了解我国现在的用水状态，形成保护水资源的观念。位于秭归县的屈原故里和位于兴山县的昭君故里都包含在此次行程之中，可以让学生了解战国时期的楚国历史文化，以及王昭君的事迹。朗诵《橘颂》，习得中华传统文化。在过程方面，学生

通过游历、体验等方式养成观察与思考的习惯,通过查找大量文献掌握学习新知识的方法。在情感态度方面,学生通过游历、体验,感受“上善若水”“有容乃大”“兼容并蓄”的中华民族传统美德,培养宽容、爱人之心。

图3　三峡大坝

图4　回龙湾水电站

图5　三峡公园

(三)促进学生个体的自主发展,其个体价值得以体现

从知识层面上说,课堂中的内容是所有人必须学习的,有比较统一的标准,多数情况下学生无从选择。而在研学旅行中,学生可以根据自己的兴趣点更多关注自己喜欢的内容,并在该方面多探究、多思考。

从能力层面上说,有的学生负责记录,有的负责摄影,有的负责后勤,有的负责组织,有的负责卫生,等等。孩子们可以发挥所长,弥补不足,真正体现其个人的价值。

(四)凸显集体生活的意义,便于学生形成团队意识

集体生活对一个人的成长有着积极且不可替代的意义,集体生活可以培养学生负责任的态度、人际交往的能力,在集体生活中可以发展自己的个性,还可以形成团队观念和整体意识。研学旅行是一种集体生活和学习的形式,学生需要处理好同学之间的关系,学会和同学以及陌生人进行沟通,学生必须服从一些命令,例如准时起床、吃饭,在规定时间和地点集合,等等。这种集体生活对孩子来说是一个新奇的体验,也是长大之后的一份珍贵记忆。

值得一提的是小组学习,共同完成任务是研学旅游的一种重要组织形式,小组成员在活动中有不同的分工,可以更好地协作完成学习任务。在合作的过程中,学

生可以借助团队，借助同伴互助获得更多知识。

图 6　学生参与舞龙

图 7　学生拓展活动

四、中小学校开展研学旅行需要注意的事项

（一）在整个研学旅游活动中安全是至关重要的

不论选择哪条研学路线，不论采取何种研学方式，安全问题都是整个活动的头等大事，这就需要学校做好相应的准备工作。第一步，要公开招标，精选旅行社。学校要在有资质的旅行社中公开招标，选择有经验、有保障的旅行机构。第二步，要由旅行社和学校教师代表共同踩点，通过踩点掌握研学旅行的路线和地点等相关情况。在充分了解周边环境及研学内容的基础上，确定课程内容，形成活动方案，并建立安全预案。第三步，与旅行社签订具有法律效力的合同。合同应包含双方安全责任划分、车辆安全、司机情况、饮食安全、学生保险额度、旅行社报价核算等相关内容。第四步，将活动申请和安全承诺书等相关材料上报教委备案、审批。第五步，在确定内容后，修订《研学手册》，并组织学生学习。第六步，分批召开行前会。对自愿参加活动的学生要明确各种学习要求和纪律要求；对参加活动的学生家长要进行相关内容的通知与讲解，并建立联系方式；对随队教师及校医要进行政策、内容等讲解，保证各司其职。

（二）研学旅游重在于“学”

研学旅行不同于一般意义上的旅游，它是一种综合性学习实践活动，更着重于“研”和“学”。所以，只有深入研究和精心设计出内容丰富、符合学生认知的课程，才能不断地激发学生的学习兴趣，更好地培养学生的能力，提升学生的综合素养。

1. 精选研学课程

研学旅行不是单纯的旅行，也不是单纯的学习，因此研学课程的选择要做到游、学合一。首先，课程的内容要符合学生的年龄特点，所涉及科目应该是多元的结合，既是各个科目的有机融合，又是动手、讲座等不同形式实践活动的结合。其次，课程的设计要深入，而不是走马观花，针对某一个问题要有细致讲解和应用。内容要科学且符合游学主题。再次，能够引起学生的兴趣，让他们觉得学有所用。

2. 精编研学手册

首先，要明确教育目标，游学活动要在哪些方面培养学生的知识和能力，提高学生哪些品格和素养，借助哪些方法和手段，形成什么样的人生观和价值观，都要有明确说明。其次，课程内容要深入，带领学生参观、听讲座等活动不能停留在走马观花的阶段，要让学生有自己的思考和深度的体验，在知识和能力上有所提升。再次，课程要多学科共同设计，评价手段要多元。每次的研学旅游手册设计都要由学校派出相关学科的教师代表与研学公司共同设计，根据游学地点、知识内容设计出符合学生年龄段的课程要求，让学生有所收获。此外，学科与学科之间的相互联系与相互包容也是必不可少的。

3. 注重评价的开展

研学旅行更重于“学”的一个重要环节是学生评价的开展和后期产品的制作过程。我们每一次游学旅行都会利用游学手册制定出自评和互评表格，要求学生根据活动中自己和同伴的表现完成评价，还要求学生书写游学总结。

活动结束后，为了让内容更好地落实，我们会以班会的形式进行研学旅行活动的交流总结。如学生可以通过制作 PPT 的形式记述他们的研学过程，配上优美的图片和音乐，让全班同学共同回忆这段美好的时光；善于写作的同学可以通过散文和诗歌的形式，用文字记录下这段游学的经历；善于绘画的同学可以制作出精美的手抄报，用于布置班级的展板，供大家继续学习。

为了让孩子们学会感恩，近几次活动结束后，还会要求孩子们给陪伴他们的导游叔叔阿姨写信，这为他们的研学活动留下了更加具有人情味的回忆。

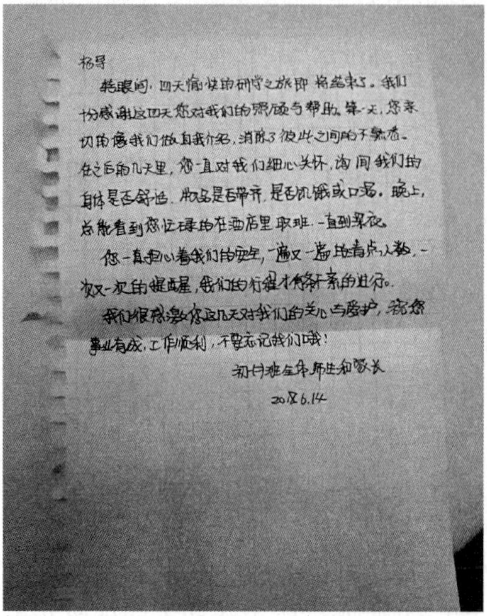

杨哥

转眼间，四天愉快的研学之旅即将结束了。我们十分感谢这四天您对我们的照顾与帮助。第一天，您亲切的带我们做自我介绍，消除了彼此之间的不熟悉。在之后的几天里，您一直对我们细心关怀，询问我们的身体是否舒适，物品是否带齐，是否饥饿或口渴。晚上，总能看到您忙碌的在酒店里值班，一直到深夜。

您一直担心着我们的安全，一遍又一遍地清点人数，一次又一次的提醒，我们的行程才得以有条不紊的进行。

我们很感激您这几天对我们的关心与爱护，祝您事业有成，工作顺利，不要忘记我们哦！

初一班全体师生和家长

2018.6.14

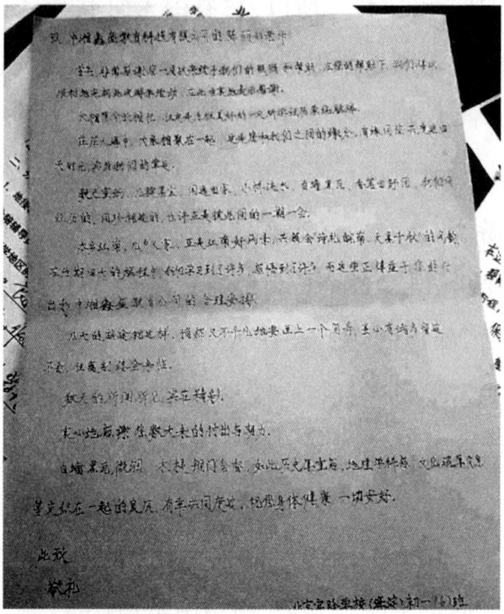

图 8　学生写给导游的感谢信

综上所述，研学旅行活动作为一种新兴的教育形态，现正被越来越多的人所认识并重视。它将课堂搬到了学校之外，让学生更加贴近自然、贴近生活，也使他们的生活和知识变得更加丰富多彩，富有趣味和意义。相信有了政府部门的支撑，学校和旅游等相关部门的努力，再加上家长的支持，研学旅行会发展的越来越好。也将会让更多的孩子们走出课堂，更多地接触社会，学会更加热爱自然和生命，促进全方位的综合素质发展。

吟诵《论语》游学曲阜

——曲阜研学旅游新模式探究

张晓文(山东曲阜孔子博物馆)

孔子是中国古代伟大的教育家、思想家,是儒家学派的创始人。两千多年来,他和他所创立的儒学对中国的社会政治理论、哲学、伦理学、教育学、历史学、文学艺术、礼仪风俗等都产生过极其深远的影响,对中华民族的共同文化和共同心理的形成、发展做出了巨大贡献。孔子创立的儒家学派所包含的思想渗透到中华民族每一个成员的血液中,成为中华民族精神气质、道德准则区别于其他民族的一个最重要的因素。因而孔子亦成为中国人乃至东亚儒学文化圈内人们的精神之“根”。他们以儒家学说作为自己立身处世的准则,精神上皈依孔子,以尊孔、敬孔等方式加强着自我心灵同孔子儒学精神的沟通[1]。

一、独辟蹊径　让利于民

“有朋自远方来,不亦乐乎?”今天,更多的学生族、背包族、穷游族以及一些国学机构和社会团体,在来曲阜之前都要做一件事:学习儒家经典《论语》,从中摘选出自己喜爱的名言警句,详解其义,熟记于心。乐游在曲阜,乐学在曲阜,只要背诵《论语》,便可有机会享受免费畅游曲阜的“饕餮”大餐,何乐而不为。

为让曲阜“文物活起来”,使中华民族最基本的文化基因与当代文化相适应、与现代社会相协调,以人们喜闻乐见、具有广泛参与性的方式推广开来,充分发挥世界文化遗产——孔庙、孔林、孔府的服务功能和社会教育作用,服务于众,让利于民,曲阜市于2013年“五一”黄金周之际,试行“背《论语》免费游三孔”活动,游客只要能在10分钟内背诵出《论语》其中30条(章、则),并能够正确释义由评委随意抽取的其中5条,便可获得免费游三孔《荣誉证书》,持证书年内可免费参观一次孔庙、孔府、孔林景区。

旅游产品必须加以塑造才能满足消费者的需求[2]。“背《论语》免费游三孔”活动一经推出,就受到了社会各界和广大群众的欢迎,在海内外引起了强烈反响。试运行7天即有1844名游客参与,人数最多的一天就有367人参与。应社会各界强烈要求,试运行之后景区随即宣布活动常态化开展,并不断丰富和完善活动内容和细节,增加了10分钟内能完整背诵现场随机抽取的任一篇,颁发高级《荣誉证书》,持证书年内可免费参观一次孔庙、孔府、孔林、尼山孔庙及书院、颜庙、周公庙、寿丘少昊陵等曲阜其他文物景区。

2014年4月15日,“背《论语》免费游三孔”报名软件升级版正式试用。新版本增添了背诵用时、参与者性别、学历、地址及背诵类别等信息,可自动排序,上传、导出自带生成信息等功能。6月6日,“背论语免费游三孔”排行榜网页正式上线,参加活动并通过者可输入姓名与身份证号码查询自己的背诵成绩和排名情况,并可以查询月度、季度、年度冠亚军。本着传播儒家经典的理念,同年12月26日,又推出“外国游客背5句《论语》免费游三孔”活动,为外国游客搭建起了学汉语、了解中华文化的平台。

二、提取参数　调查分析

市场调查对于理解消费者的态度、行为、策划营销战略都是至关重要的,通过做调查可以了解其观众的特点[3]。在经济飞速发展的今天,及时、准确地了解观众的需求,是博物馆生存、发展、服务于社会的关键前提[4]。本文的统计数据根据《论语》背诵厅的每日录入报表整理而成,核心数据项为观众的身份证号码,通过EXCEL函数公式,批量提取参与观众的出生日期、性别和籍贯地区等数据。数据统计截止日期为2018年6月30日。

(一)观众地区结构分析

活动开展六年来,全国各省区均有观众参与。从表1中可以清楚地看出,华东地区特别是山东省是参与观众的主要来源地,除山东省之外,河南、辽宁、江苏、河北、黑龙江5省分列第2至第6名。辽宁省是东北地区观众的集散地,且历史上是山东向关外移民的第一站,与山东在血缘、文化上有很深渊源。其他省份参与观众人数较少的主要原因是距离较远或人口规模较小。

表1 曲阜"背《论语》免费游三孔"参与观众来源分布情况一览表

地区	序号	省、直辖市、自治区	参与人数	比例
华北地区	1	北京市	902	2.11%
	2	天津市	295	0.69%
	3	河北省	1409	3.29%
	4	山西省	941	2.20%
	5	内蒙古自治区	525	1.23%
东北地区	6	辽宁省	1550	3.62%
	7	吉林省	756	1.76%
	8	黑龙江省	999	2.33%
华东地区	9	上海市	310	0.72%
	10	江苏省	1537	3.59%
	11	浙江省	933	2.18%
	12	安徽省	834	1.95%
	13	福建省	475	1.11%
	14	江西省	450	1.05%
	15	山东省	23709	55.34%
中南地区	16	河南省	2113	4.93%
	17	湖北省	622	1.45%
	18	湖南省	515	1.20%
	19	广东省	725	1.69%
	20	广西壮族自治区	241	0.56%
	21	海南省	35	0.08%

续表

地区	序号	省、直辖市、自治区	参与人数	比例
西南地区	22	重庆市	188	0.44%
	23	四川省	623	1.45%
	24	贵州省	164	0.38%
	25	云南省	117	0.27%
	26	西藏自治区	16	0.04%
西北地区	27	陕西省	470	1.10%
	28	甘肃省	382	0.89%
	29	青海省	49	0.11%
	30	宁夏回族自治区	96	0.22%
	31	新疆维吾尔自治区	226	0.53%
港澳台地区	32	—	67	0.16%
其他国家/地区	33	—	565	1.32%

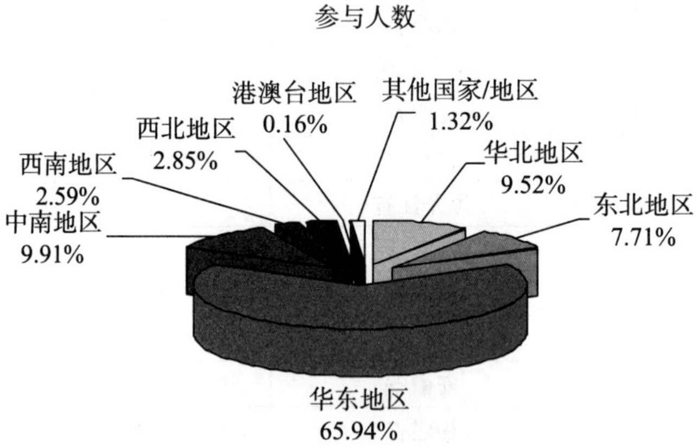

图1 曲阜“背《论语》免费游三孔”参与观众分布图

(二)背诵通过率结构分析

自2013年5月1日活动开展以来，截至2018年6月30日，曲阜市《论语》背诵厅共接待来自全国及海内外的国学爱好者42839人，其中24624人顺利通过，通过率达57.48%。其中外籍游客565人，512人通过，分别来自美国、加拿大、墨西哥、巴西、英国、德国、法国、俄罗斯、白俄罗斯、哈萨克斯坦、蒙古、日本、韩国、新加坡、巴基斯坦、印度尼西亚、马来西亚、老挝、柬埔寨、澳大利亚、新西兰、坦桑尼亚、肯尼亚、科摩罗、马达加斯加等58个国家。

表2 曲阜"背《论语》免费游三孔"参与观众通过率情况一览表

通过与否	人数	比例
通过	24577	57.37%
未通过	18262	42.63%

(三)观众性别结构分析

从参与观众的性别结构来看,女性观众占了近三分之二,约为男性观众的2倍。这也从中可看出女性通常具有较强的记忆和表达能力,在消费心理上心思细腻、追求完美、眼光精明;在购买商品时比男性更注重商品细节,更关心商品带来的具体利益,精打细算,同样的性能比价格。特别要指出的是,在文史类专业学生中,女性所占比重较大。从现场观察也可以看出,有的女大学生往往对活动准备充分,精心准备了整理好的《论语》背诵材料笔记。

表3 曲阜"背《论语》免费游三孔"参与观众性别比例一览表

性别	参与人数	比例
男	15425	36.01%
女	27414	63.99%

(四)观众年龄特征结构分析

活动参与群体中,年龄最小的是4岁,最长者85岁。从表4中可以看出,青少年学生成为活动的主要参与者,11岁至30岁的年龄区间所占比例约80%。活动初期,参与者以山东高校大学生为主,随着活动的深入开展,外省参与者比例呈上升趋势。有很多家长不远千里,陪孩子来曲阜体验这一活动,启迪孩子心智,感悟圣城魅力。此项活动的常态化推进,带动了广大群众,特别是青少年学习传统文化、背诵儒家经典的热情,从而为青少年加强自身修养,树立正确的人生观、价值观、世界观起到了很好的积极的引导作用。"背《论语》"合格证书已成为国学教育的“资格证书”和“文化名片”。

表4　曲阜“背《论语》免费游三孔”参与观众年龄特征一览表

年龄	参与人数	比例	位次
1—10岁	1903	4.44%	5
11—20岁	12119	28.29%	2
21—30岁	21826	50.95%	1
31—40岁	3721	8.69%	3
41—50岁	2779	6.49%	4
51—60岁	377	0.88%	6
61—70岁	92	0.21%	7
70岁以上	22	0.05%	8

(五)观众学历情况结构分析

该活动不仅极大地提高了游客对传统文化的理性认知水平,同时,也在社会上掀起了背诵传统文化经典的热潮,让孔子思想再度受到关注,形成了波及全球的“孔子文化热”和“国学热”,对发挥世界文化遗产的教育功能和社会服务功能也起到了非常好的示范作用。

表4　曲阜“背《论语》免费游三孔”参与观众学历情况一览表

学历	参与人数	比例	位次
小学	6753	15.76%	2
初中	5070	11.84%	3
高中	4623	10.79%	4
中专	629	1.47%	7
大专	3070	7.17%	5
本科	19535	45.60%	1
研究生	3015	7.04%	6
博士及以上	144	0.34%	8

三、滋润道德　传承文明

在2013年，习近平总书记到曲阜考察时，就强调说："中华民族有着源远流长的传统文化，也一定能创造中华文化新的辉煌""我这次来曲阜就是要发出一个信息：要大力弘扬中国传统文化。""背《论语》免费游三孔"活动做到了传播文化，滋润道德，传承文明。

免费的公益形式淡化了经济利益的诉求，使参观活动成为既节约又获实效的学习方式。这是在市场经济体制下，最易让人接受、最易感动社会、最见成效的方式[5]。"背《论语》游三孔"活动作为市场营销的新思路、新模式成为旅游文化营销的典范，不仅提升了山东旅游业的文化魅力，还因创意独特，亮点突出，获得了山东省旅游市场营销创新奖"特别奖"。活动本身的良好口碑和影响力极大提升了曲阜旅游特别是"三孔"景区旅游的吸引力，实现了引导游客在旅游活动中关注、学习、传承文化的积极作用，在社会上形成良好的口碑。看似舍弃了免费门票收入的"芝麻"，却换来了景区社会效益和经济效益双丰收的"西瓜"。

该活动不断深化内涵，策划组织了"感悟孔子　书香校园——曲阜背《论语》免费游三孔走进高校"系列活动。先后走进清华、北大等知名学府，还开展了走进社区、走进全国文庙、举办背诵大赛等系列活动。

活动引来大家好评如潮，丰富了曲阜"孔子修学游"旅游品牌的文化内涵，增加了对中国传统文化的认同感，在增加文化体验的同时，也是一次运作很成功的事件营销，树立了良好的对外形象。在活动留言簿上，密密麻麻写满了游客留言。如，来自上海电视大学的学者鲍鹏山留言："背诵论语，传承文化。"龙红星·浙江传媒学院"少年孔子"实践小组留言："重在参与，学以致用，愿中华传统文化继往开来，越来越好，国人自立自强。"美国《时代周刊》记者迈克留言："这项活动体现了一个创新的思维。"吟诵《论语》，解读孔子思想，走近本真孔子。通过背诵，我们可以端正学习态度："学而时习"，"温故知新"，"不耻下问"；通过学习，我们可以重塑人伦理念："老者安之，朋友信之，少者怀之"，"入则孝，出则悌"，"里仁为美"；通过学习,我们可以修身而达天下:"吾欲仁,斯仁至矣","德不孤,必有邻"……从《论语》的警句名言中汲取智慧,涵养人的精神,充实人的底气,滋润人的道德,重塑提升民族精神,增强民族自信,推进社会和谐发展,建设精神文明。

曲阜作为孔子故里,在积极引领世界儒学研究与孔子思想传播潮流,推动《论语》及民族优秀传统文化在当今社会的普及与应用上,可谓责无旁贷。"背《论语》免费游三孔",正是实现了引导游客在旅游活动中关注、学习、传承文化的积极作用。《论语》所阐发的道德价值观与人文关怀理念,如人间四月天的阳光,温暖着你我,护卫着我们前行。

参考文献:

[1] 尹柱角.一山一水一圣人[D].济南:山东大学,2006.

[2] 麦克切尔,克罗斯.文化旅游与文化遗产管理[M].朱路平,译.天津:南开大学出版社,2006:112.

[3] 科特勒 N,科特勒 P.博物馆战略与市场营销[M]潘守永,等,译.北京:燕山出版社,2006:100.

[4] 故宫博物院宣传教育部.故宫博物院观众结构调查(2007.6—2008.5)[M].北京:紫禁城出版社,2008:18.

[5] 郝国胜,黄琛.中国国家博物馆观众研究(2003—2006)[M].北京:中国大百科全书出版社,2008:98.

“研学”现状浅析及相关提升建议

陶珺（河南旅游集团有限公司）

研学，“研”一做细磨，一做深入探求；“学”一做效法、钻研知识、获得知识、读书，一做传授知识的地方。两字合起来讲即研究性学习，又称探究式学习。

为全面推进我国中小学生素质教育，2012 年教育部启动中小学研学旅行工作研究项目，在安徽、江苏、陕西、上海、河北、江西、重庆、新疆等 8 个省（区、市）开展研学旅行试点工作，并确定天津市滨海新区、湖北省武汉市等 12 个地区为全国中小学生研学旅行实验区。此后，项目组逐步扩大试点范围，稳步推进研学旅行的实验工作。2016 年 7 月，习近平总书记提出了文化自信，并指出中华民族具有五千多年连绵不断的文明历史，创造了博大精深的中华文化，为人类文明进步做出了不可磨灭的贡献。中华优秀传统文化是中华民族的精神命脉，是涵养社会主义核心价值观的重要源泉，也是我们在世界文化激荡中站稳脚跟的坚实根基。习总书记提出要结合新的时代条件传承和弘扬中华优秀传统文化，传承和弘扬中华美学精神。2016 年 11 月，教育部等 11 个部门印发了《关于推进中小学生研学旅行的意见》，对全国中小学研学旅行工作的推进提出明确要求，将研学旅行纳入中小学教育教学计划，要求各地采取有力措施，推动研学旅行健康快速发展。

因此，近几年来，笔者向学校、文化、文物等多领域的专家学者请教，并与他们进行深度交流、探讨，旨在找出将中国传统文化及其精髓更快捷、更有效、更广泛地融入研学活动中去的方法和途径。本文通过分析目前研学活动现状，以如何开展实际工作为目的，就如何更深度、更全面地实现研学目的提出了相应的建议。

一、目前研学活动现状分析

（一）研学活动的形式

目前研学市场有如下几类活动形式：

第一类，按教育部《意见》严格执行由教育部门和学校有计划地组织安排，通过集体旅行、集中食宿方式，以一日或多日、境内及境外等多种形式的研究性学习和旅行体验相结合的校外教育活动。

第二类，社会教育、培训机构根据其课程设立专业及特色，以一日或多日、境内及境外等多种形式开展研学活动。

第三类，为家庭间相结合或朋友间相结合，自主自发的依照相同喜好，以一日或多日、境内及境外等多种形式开展研学活动。

（二）研学活动承办方

目前研学市场有以下几类承办方：

第一类是旅行社。

其优势为：长期从事吃、住、行、游等行程安排，能够以最合理、最合适的时间、地理地势等来为研学活动的主办方及参与者提供最佳的行程方案。

其劣势为：针对研究学习类主办方及参与者而言专业性不够强、内容纵向深度不够，较难达到真正的“研与学”的目的。

第二类是由多地多家旅行社结成联盟形式而成立的新的教育机构或培训机构。

其优势为：合众旅行社之力，多方交流相关经验，在联盟内进行合作，形成强大的表象形体。

其劣势为：难免出现各类型、各层次资质的旅行社都可以加入进去，并借助联盟为表象进行自我吹嘘，鱼龙混杂；承办能力参差不齐，让主办方及参与者难辨真伪；同时容易将国家政策浅而行之。

第三类是拓展培训类机构。

其优势为:在提升集体精神、合作精神、执行力精神类活动方面有较为专业的执行教练。

其劣势为:此类活动对学生而言适用性较弱,且此类机构无专业行程安排的经验及能力,当然也不排除个别其他行业从业者跨行业承办。

第四类,户外、运动组织机构。

其优势为:在野外生存危险类活动方面有着丰富的经验及处理能力。

其劣势为:无统一资质认证管理,鱼龙混杂,并非所有从业者都持有专业户外运动资质认证,尤其借证设立再挂靠相关旅行社的无资质或资质很弱的所谓“驴族”或售卖户外产品者所组成的承办方,其存在的隐患最大。

(三)研学课程的主要内容

第一,行程计划,此类课程较为浅显,就中小学生来讲,只是将与课本中相关的景点列出,再增加一些博物馆进行填充。在博物馆中最常遇到这样的研学团体:一群小学或初高中的学生由一位或多位老师带领着,由一位导游在前面进行讲解,按照旅行社常规团队的操作模式,如走马观花一般将馆内主要文物点进行简单讲解后,便将团体解散,让孩子与老师进行自由参观,至集合时间再统一带离博物馆。更有甚者,则是导游也不进行讲解,也不请讲解员,将学生带入博物馆后便直接解散自游活动。

第二,研学手册,此类课程相对有一定的深度,与中小学生的课本内容相结合,以课本内容为基础,增加相关知识点及扩展性阅读,并在手册中设有相应思考题目,在活动过程中,要求参与者根据所见所闻进行作答。

第三,研学书籍,针对某单一景点、区域或专业学科领域出版的具有较深知识点的书籍,该书籍中除了相关知识点外,还设立有相应的思考题及参考文献书籍等内容,包括试验性小游戏等。这一类是笔者比较认同的,它是将研学手册中的课程细分化、专业化、精准化。此类书籍对主办方和承办方而言,给予了较为明确的选择方向,在行程设立及执行中给予了更精准的参考标准。但目前此类书籍较为少见。

二、开展研学活动的几点建议

(一)多部门、多行业进行跨行业协作,文化部门、教育部门、旅游业者间开展多维度合作

笔者从事旅游行业已有18年之久,其中从事研学活动也已有5年多。在工作中会面对各种类型的客人及学生,当面对求知欲特别强的客人及学生时,最大的希望就是把笔者看到的,认为最好的都推荐给客人及学生,但是最终多数都是以失望而终结,当然客人也都能够理解:好的导游太少、知识储备量大的导游更少。历史内涵再深厚的景点,在一些客人的眼中也不过都是荒土破墙、残垣断瓦、毫无生机与趣味的。而对于部分学生而言也仅仅是课本上的地方我去过了,再无更多的感受和更广度的思维。

这样的问题,笔者思考了多年,非常希望相关部门能针对学生的研学课程进行多方面、多维度、多广角的研讨,将课程内容立体化,除了知识的增长方面更能使学生在思维上多维化,并让承办者也有章可循。

(二)研学活动当以亲子形式来体现

家庭是人生的第一个课堂,父母是孩子的第一任老师,家庭影响着孩子成长的每时每刻。因此,本人认为,研学不只是孩子的事,不应只在学校中倡行,父母当与孩子一同行动,一起成长。

笔者在研学方面做了一些实践性研究,大多数家长是愿意陪伴孩子一起成长的,其对知识面增长的渴望度也并不比孩子弱。同时,在实践过程中我们要求孩子单独完成当日活动记忆导图,发现孩子的学习能力相当惊人,同行的家长通过记忆导图对自己的孩子有了新的认识。与此同时,在日常生活中家长与孩子的共同话题也有所增长,有共同话题能聊在一起,这无形中又从另一个方面增加了家长陪伴孩子的时间。

三、研学活动实践中出现的问题

在工作实践中,我们遇到以下几个问题:

第一,孩子的补习班课程排满了周六日,没有课的时间还要面对大量的作业,只有寒暑假还能安排出一定的时间来参与到活动中来,家长与孩子都有强烈的活动参加欲望,但却苦于课业的繁重。

第二,当活动都集中到寒暑假开展时,因出游人数的增加,出行费用暴涨,而使得部分家庭对研学活动望而却步。

第三,目前许多机构打着培训研学导师并颁发研学导师资质的旗号大肆开办培训班,且费用并不低,而对于这样的培训及证件,当如何检验其真实性。

第四,家长知识有限,许多家长在看到考试题中出现了关于博物馆的考题,便慌忙带着孩子前往博物馆去参观,一时间博物馆人满为患。家长们只看到了考试题,却并不理解题目背后考得更多的是孩子的学习、分析及思维能力。家长在对孩子的教育上更多的是眼前的、有目的性的短暂行为,而非长远性、发展性的计划。

在当下如火如荼的研学活动中,无论是从业者还是相关部门、机构,都应当在前进的途中停一停脚步,多审视一下我们已经开展的活动,是否为我们的下一代留下了宝贵的精神财富,是否为国家的长久发展打下了夯实的基础。

公共图书馆文化旅游创意产品开发的研究

——以济南市图书馆为例

席鹤洋　冯志辉　郭秀海（济南市图书馆）

文化旅游创意产品（以下简称"文旅创意产品"）是跟随国家机构改革的步伐，由文化创意产品发展而来。由于文化旅游产业被提升到国民经济支柱型产业的高度，因此各级文化文物单位都积极依托自身馆藏文化资源开发各类文旅创意产品。其中，博物馆在文旅创意产品的开发中一直走在公共文化服务部门的前列。例如，台北故宫博物院以明清帝王为题材的创意文具、北京故宫博物院精选馆藏品的复刻再造都获得了如潮好评。相较之下，同为公共文化服务体系中重要组成的公共图书馆，文旅创意产品开发工作起步较晚，相关产品的体量在整个产业中占比较小[1]。

但是，公共图书馆得益于服务内容所带来的人流集群和扩散，更易于形成文旅创意品牌，烘托产品消费氛围。国家图书馆文旅创意产品开发的相关工作人员认为，图书馆的文旅创意产品是将读者的精神获得感在有形物体之上而做的一种延伸，并且可以跨越空间的阻隔让更多人与图书馆"亲密接触"[2]。可见，图书馆在文旅创意产品开发方面有一定的先天优势，开发设计文旅创意产品也对公共图书馆提升服务水平和丰富服务内容有重要意义。

一、公共图书馆开发文旅创意产品的现状

国家图书馆是我国公共图书馆业界最早实践文旅创意产品开发的单位之一，早期主要以制作馆藏古籍善本的复仿品为主。2014 年国家典籍博物馆开馆之后，

国家图书馆丰富了文旅创意产品的品类,拓展了产品研发思路,形成了金石拓片、舆图、名人手稿、福袋、文具、饰品等多样的产品线。2016 年,国家图书馆试水互联网销售模式,联合淘宝网平台打造了线上商店——“国图旺店”。除国家图书馆外,国内其他公共图书馆,也在不断尝试开发多元化、面向不同受众的产品。例如,厦门市图书馆设计开发的《厦门阅读手绘地图》将旅游和图书馆结合;杭州图书馆、深圳图书馆为读者提供的个性化软件服务;南京图书馆开发的生活小物件、服装首饰、厨房用品等文旅创意产品将图书馆元素与日常生活紧密贴合[3]。各馆的积极尝试和实践,为公共图书馆文旅创意产品的开发提供了范本。但通过销售数据和对比,也显现出了现阶段消费者对图书馆开发的文旅创意产品消费意愿不高、产品对消费者黏合度偏低的问题[4]。

济南市图书馆作为全国首批开展文创开发试点工作的单位,相关工作起步相对较早。2002 年即开始古籍再造工作,2004 年通过照相制版的方式将馆藏《济南指南》影印出版。至 2009 年底,《济南快览》和《济南大观》等多部文献再版工作渐次完成。自 2012 年起,济南市图书馆的文旅创意产品开发进入高速发展期,五年的时间共开发了近百种产品,涵盖出版物、文具、生活日用品等多个品类,产品的知名度和美誉度也逐年递增。

二、济南市图书馆文旅创意产品开发主要形式

济南市图书馆根据产品面向群体的不同,将文旅创意产品划分为:复制品、出版品、衍生品、研学旅游产品和虚拟产品等五个类别。

(一)馆藏资源的复制品

公共图书馆馆藏资源一直是图书馆文旅创意产品开发的首选对象。济南市图书馆通过对馆藏资源中具有地方特色、学术和艺术价值较高、读者利用较为频繁的文献进行复制。先后将《济南指南》《济南快览》《济南大观》《趵突泉志》等七部文献影印再版,并推出了极具收藏价值的影印线装书版本。对馆藏资源的复制既解

决了图书“藏”与“用”的矛盾，也走出了文旅创意产品开发的第一步。

（二）馆藏资源编选出版品

编选出版品是公共图书馆对馆藏资源的优化整合，能够集中体现出一馆的特色，也更能引起读者兴趣。济南市图书馆根据读者对部分古籍、民国地方文献需求量较大的现状，有目的分层次的对馆藏这部分文献进行了整理和开发。到2018年初，已编撰出版了《金石精粹》《华泉先生集选》《徐北文纪念文集》《兰亭图》等五部图书和书画制品，受到学界和读者的一致好评。

（三）衍生纪念品

与图书馆相关的衍生纪念品在公共图书馆文旅创意产品中的比例最高。这些衍生纪念品多是由馆藏物品衍生、馆内主题活动派生、流行纪念品的图书馆二次设计而来。衍生纪念品的多样性是对公共图书馆文旅创意产品开发的重要考量[5]。济南市图书馆借鉴国内外业界经验，设计开发了玩偶、钥匙链、折扇等生活小物件和日常文具。同时，围绕馆内具有一定社会影响力的活动进行主题产品开发，形成了一条独具特色的衍生产品线。例如，针对济南市图书馆阅读马拉松系列活动，开发了标识护腕、发带、保温杯等产品；针对“阅·动”运动读书达人系列活动，开发了主题标识胸牌、卡包等产品；针对“童声书韵”少儿阅读大赛和少儿国学朗诵大赛，开发了精彩影像纪念画册、定制马克杯等产品。主题活动产品一般同时包含图书馆元素和合作伙伴元素，还兼具部分定制元素，深受参与活动读者的欢迎。

（四）研学旅游热点产品

时下研学旅游受到社会热捧，也使公共图书馆成为研学旅游的首选目的地之一。济南市图书馆紧跟这一社会热点，开发了环游阅读护照、济图专属笔记本、孔孟系列研学文具等产品，并且将体验类文旅创意产品和研学旅游的热点进行结合，把苏轼“读书堂”、汉中“衮雪”、明代“鲁壁”等石刻拓片的体验式产品融入研学旅游中，推出“图书馆一日深度游学”的活动，即一堂国学课、一次拓片、一局对弈（或一副书法）、一小时图书整理。同时，以济南市地图为基底，将地区内各公共图书馆及分馆、汽车流动服务点、书吧、24 小时自助图书馆、有阅读空间的书店等逐一标注,并在地图背面对各单位所提供的服务进行说明。此外,还针对不同群体制作了《济南市阅读地图(手绘版)》《济南市阅读地图(亲子版)》《济南市阅读地图(无障碍版)》。

随着济南市芙蓉街、宽厚里等老街巷在网络上的人气高涨,济南市图书馆顺势推出了“芙蓉老街”特形书签,并在书签背面印制了与老街相关的图书推荐。同时,制作了记述老济南概貌的口袋书,配以珍贵馆藏老照片和与之相关的部分书摘文稿。这些紧跟旅游热点的产品受到了广大市民和游客的肯定。

(五)虚拟物品

文旅创意产品的范畴不只是实体物品,在网络生活日渐占据人们日常生活半壁江山的今天,虚拟物品也成为文旅创意产品重要组成部分。济南市图书馆在 2015 年和 2016 年先后推出两套专属表情包,在 2017 年结合志愿者主题活动推出“济图”元素的专属头像背景和手机主题。这些虚拟物品受到年轻读者和少儿读者的热捧,“济图”主题元素也在无形中为图书馆在社交媒体上进行了广泛地宣传。

三、公共图书馆文旅创意产品开发中面临的问题

(一)价值导向的树立

公共图书馆作为公益性公共文化服务单位,盈利并不是其主要工作。文旅创意产品的开发应遵从“平等、开放、共享”的基本要求,做到坚持好态度、坚守好底线、遵守好规则,以正确的价值导向来开发文旅创意产品。另一方面,公共图书馆通过深度挖掘馆藏资源的历史文化价值进行文化旅游创意产品开发时,也应注意剔除文化糟粕,以审慎的态度对待产品开发[6]。

(二)知识产权风险的规避

如何规避知识产权的风险一直是困扰公共图书馆利用馆藏资源开发设计文旅

创意产品时的首要问题。首先,公共图书馆需要对馆藏资源的价值有客观的认定,还要防止馆藏资源所形成的无形资产的价值流失[7]。其次,在合作开发或授权开发时,公共图书馆无论如何必须要重视对自身权益的维护,在签订合作协议的同时就解决好著作权、版权等相关问题。最后,对于公共图书馆所开发出的极具新意和特色的文旅创意产品,在推向市场前就应该考虑到如何保护好产品的商标权、著作权等一系列问题。

(三)营销模式的选择

经过了反复设计,生产出优质的产品,如何进行营销是公共图书馆面临的又一难题。目前,以国家图书馆为代表的部门公共图书馆通过第三方电商平台进行网上店铺的开设是一种较为常规的做法,此外还有通过微信、微博等新媒体进行传播式营销也是时下流行的方式[8]。同时,对于新兴营销渠道我们也应该不断进行尝试。例如,济南市图书馆设立了文旅创意产品自主贩售机,作为特邀单位参加山东省文化产业博览会等,将文旅创意产品的营销思维进行立体化、多元化重塑。

(四)创意产品的时效性

时效性是文化旅游创意产品的一个隐性特征,与时下话题流量热点和文化旅游热点紧密相关。公共图书馆开发文旅创意产品时既应注重从自身“大数据”中梳理挖掘潜在热点,更要多渠道收集和整理社会热点信息,及时调整产品开发的关注点[9]。

四、公共图书馆文旅创意产品开发的新思考

(一)读者参与

重视读者的参与应是公共图书馆文旅创意产品开发的首要外部因素。公共图书馆通过自身流量能力,鼓励读者参与到文旅创意产品的开发中来,利用“粉丝经济”将产品吸引力、传播效力、渠道沟通力等优势整合,并开展一定程度的定制服

务[10]。通过读者参与开发出的产品，除了自带群众基础的属性外，还有助于培养读者的消费习惯，拉近产品和读者间的距离。

（二）跨界合作

公共图书馆应“主动出击”，寻求跨界合作。例如，知名电商网站亚马逊曾和大英图书馆合作推出的电子阅读机，美国大都会图书馆也和纽约几家知名服装品牌合作设计了印有图书馆标识的时装[11]。通过这种跨界的合作，既打开了公共图书馆产品设计开发的局限，提升了产品开发的能力，也将图书馆元素在特定群体内进行传播。同时，跨界的合作有助于公共图书馆和其他业态的融合发展，特别是体育、娱乐、动漫等产业，通过合作将图书馆与“泛文化产业”深度融合，从而获得更大的发展空间[12]。

（三）“热点”引领

“蹭热点”一直是互联网营销的重要手段，公共图书馆文旅创意产品的开发也可以此为出发点，即锁定符合公共图书馆自身理念要求的“热点”。以此为契机开发的文旅创意产品不仅可以提升产品关注度和销售业绩，也将带动图书馆的话题流量，为图书馆提高知名度，吸引读者到馆。

（四）平台建设

2017 年，由国家图书馆发起的“全国图书馆文化创意产品开发联盟”正式成立，这给各公共图书馆的文旅创意产品提供了交流展示的机会，也激发了各馆开发文旅创意产品的热情。但是，现阶段联盟所提供的培训、参观、交流等服务对培育公共图书馆的文旅创意产品开发能力仍稍显不足。为解决这个问题，可以由联盟为基础创建全国图书馆一体化文创服务平台，提供文旅创意产品的研发指导、产品创意转让、跨平台营销等服务。从而使有实力的图书馆可以丰富产品、扩展市场，使实力较弱的图书馆能够低成本开发自有产品并有针对性的开拓市场。同时，平台的建设也更能规范公共图书馆文旅创意产品的开发和营销，也有利于相关政府部门在源头上进行直接管控。

文化旅游产业的蓬勃发展给公共文化事业带来了新的发展契机,也给公共图书馆文旅创意产品的开发塑造了良好的外部氛围。借助优越的大环境,济南市图书馆在文旅创意产品的开发方面做出了一些尝试,也为业内提供了实践经验。文旅创意产品的开发注定不是一蹴而就的,需要一个发展和沉淀的过程,也需要公共图书馆主动引导读者参与,积极寻求跨界合作,挖掘热点,建设平台,使更加多元化、品牌化、亲民化的文旅创意产品成为连接广大市民和公共图书馆的桥梁。

参考文献:

[1] 高兵. 跨界融合:图书馆文创工作的发展新常态[J]. 图书与情报,2018(2):116 - 120.

[2] 莫晓霞. 图书馆文化创意产品开发探讨[J]. 图书馆建设,2016(10):98 - 101.

[3] 田利. 关于图书馆开展文创工作的理性思考[J]. 图书馆工作与研究,2017(2):9 - 13.

[4] 王毅,柯平. 公共图书馆文化创意产品开发类别调研与分析[J]. 图书情报工作,2018(3):21 - 32.

[5] 刘佳欣,张晓娟. 欧美图书馆文化创意产品开发形式及启示[J]. 图书馆学研究,2018(6):86 - 91.

[6] 武吉虹. 图书馆文化创意产品开发方向与原则探究[J]. 图书馆理论与实践,2017(8):15 - 19.

[7] 张小兵. 论图书馆文化创意产品开发中的知识产权侵权风险[J]. 图书馆建设,2017(5):24 - 28.

[8] 刘浩,马晴. 台湾地区图书馆文创产品发开研究[J]. 图书馆建设,2017(9):78 - 82.

[9] 袁红军. "互联网 + "背景下图书馆文化创意产品营销策略研究[J]. 图书馆工作与研究,2018(1):52 - 55.

[10] 王毅,柯平. 美国公共图书馆文化创意产品开发实践研究[J]. 图书情报工作,2017(9):69 - 77.

[11] 张雅琪,柯平. 美国图书馆文化创意产品发展现状及启示[J]. 图书情报工作,2017,61(22):59 - 68.

[12] 陈斌. 图书馆文化创意产品设计研究[J]. 图书馆研究与工作,2018(4):83 - 86.

关于国家典籍博物馆加强与旅游业融合发展的思考

齐杰(国家图书馆)

2018年3月中央下发国务院机构改革方案:不再保留文化部、国家旅游局,重新组建文化和旅游部。这一机构改革的主要目的是增强和彰显文化自信,统筹文化事业、文化产业发展和旅游资源开发,提高国家文化软实力和中华文化影响力,推动文化事业、文化产业和旅游业融合发展。这一政策实施标志着进入新时代的中国在文化体制改革上又向纵深迈进了一步,也给国家典籍博物馆带来了新的发展机遇和发展空间。国家典籍博物馆于2014年9月10日正式建成开馆,依托国家图书馆宏富馆藏,是以集典籍收藏、展示、研究、保护、公共教育、文化传承、文化休闲于一体的综合性博物馆。作为国家政策的实施单位,国家典籍博物馆以展示中国典籍、弘扬中华文化为宗旨,紧跟时代步伐,大力推进国家典籍博物馆文化产业与旅游资源融合对接,积极响应国家倡导的"文化走出去"战略方针政策,努力做到充分挖掘和有效利用国家图书馆馆藏资源,推动文化事业、文化产业与旅游业融合发展,有效提升我国文化软实力,实现中华民族的伟大复兴。

一、国家典籍博物馆与旅游业深度合作,协同发展

国家典籍博物馆从开馆到现在,举办了大大小小近百场展览,展览内容基本是围绕古籍、文字、甲骨等主题。为了使展览更好地惠及广大民众,国家典籍博物馆采用多种方法让展览活起来,走出去,而不是死死地守护展品,静静地等待观众上门观展。

(一)举办国家典籍博物馆系列文化讲座活动

国家典籍博物馆基本每周都聘请专家学者到馆,根据专家研究的领域、特长,或现在正展出的展览内容,请专家为广大到馆观众授课、答疑、解惑。每次讲座安排均通过典籍博物馆的官方微信、微博、新媒体推广、投放广告、报纸宣传等方式告知观众,没有任何门槛限制。无论什么身份,只要热爱学习、遵守课堂纪律,即可走入会堂,聆听知识的声音,了解文化的起源与发展传承。在敦煌遗书展开展时,国家典籍博物馆聘请到柴剑虹先生做敦煌遗书的专题讲座。讲座引发了老师和听众之间的热烈讨论,由敦煌遗书讲到西北的地理、地貌、气候、风土人情,激发了听众极大热情。散场时就有几个同学在讨论假期如何安排时间去甘肃敦煌旅行。观众到国家典籍博物馆参观展览、听专家讲座,由眼观、耳听的输入式学习转化为主动走出去亲自去感受文化的熏陶。

基于此,国家典籍博物馆可以把服务进一步推进,与中介旅游机构合作,集中培训导游,在每次讲座结束后把相应的旅游路线推介给观众,由接受过专题培训的导游带领观众到相关旅游地点参观,这样更能有的放矢地服务观众。

(二)面向中小学生举办典籍课堂夏令营活动

每年的暑假,国家典籍博物馆都会组织各个年龄段的中小学生到馆参加典籍课堂夏令营活动。有适合 7—15 岁的青少年的“典籍文化之旅”基础班、9—15 岁青少年的“典籍文化之旅”进阶班及“我是小小讲解员”的中文班和中英文班。典籍博物馆专业人员带领孩子在历史(展厅)和现实(体验教室)中穿梭。在认识文物、讲解文物背后的故事、知识和手工操作结合中对传统文化进行全方位的认识。比如参观了甲骨文记忆的展览后,孩子们再亲自动手用刻刀在兽骨上刻字,把刻好的字拓印到宣纸上,结合展厅参观与动手操作进行学习。

在举办了多次典籍课堂夏令营活动,在积累了足够多的经验基础上典籍博物馆组织孩子们走出典籍课堂,去现场实地参观。比如,参观完“文房四宝展览”,亲自动手做毛笔后再去北京的荣宝斋看看中国传统手工制作的精美的文房四宝;孩子们参观完“甲骨文记忆展览”又自己用刻刀在甲骨上刻字后,带去甲骨文出土地——河南安阳殷墟等遗址亲身了解一下甲骨是怎样被挖掘、保护的;孩子们参观完“从《诗经》到《红楼梦》展览”并动手自己做了一本线装书后带他们去大观园参观,身临其境感受《红楼梦》的文化魅力。

(三)打造一条龙的红色文化产业之旅

典籍博物馆十展厅展出“不忘初心,砥砺奋进——国家图书馆藏革命历史文献精品展”,该展览选用的展品是从国家图书馆馆藏革命历史文献中选取有代表性的展品,从文献史料角度重温党走过的近一个世纪的伟大历程。该展览从 2017 年 1 月开展到现在,到十展厅参观学习的观众络绎不绝,有很多是慕名而来的,也有许多单位组织员工参观开展爱国主义教育活动,十展厅已然成为爱国主义教育基地。

典籍博物馆可以乘势打造一条龙的红色文化产业之旅,与延安、井冈山、长征路线、嘉兴南湖等红色旅游景区合作,共同开发旅游产品,比如红色经典文创产品,首先从组织个人或者集体国家典籍博物馆参观开始,由讲解员带队到每一个红色旅游景区印证展览实物和展板上的内容是否与实际相符,提升理论修养,加强爱国主义教育。

二、依靠旅游事业的蓬勃发展带动国家典籍博物馆文化事业的繁荣昌盛

读万卷书,行万里路。文化和旅游二者密不可分,文化是旅游发展的灵魂,旅游是文化发展的平台,旅游业态和产品的竞争最终体现为文化的竞争。以旅游带动文化传播,进而做到深入挖掘、保护、研究与传承。

(一)将名人故居旅游与经典名著研究结合,带动观众阅读经典名著热情

茅盾故居位于北京东城区圆恩寺胡同,很简陋,其中一间卧室保留了部分茅盾先生生前的摆设,很多到过茅盾故居的人可能会看到先生的床头系着一排绳子,且绳子按照长短、颜色有意排列,那是先生生前悉心收集的各种包装绳,用来捆扎书

刊用的。国家典籍博物馆九展厅有展出茅盾《子夜》的部分手稿，观众可以看到原来写出巨著的严肃作家也有可爱的强迫症。鲁迅先生在北京阜成门内的故居是一个宁静的四合院，屋后有一个后院，有两棵枣树。这两棵枣树是鲁迅在1924年写下的散文集《野草》中的《秋夜》开篇提及的“在我的后园，可以看到墙外有两株树，一株是枣树，还有一株也是枣树”。散文集《野草》是鲁迅人生观、世界观和哲学观点的集大成之作（该手稿在国家典籍博物馆第九展厅名家手稿展厅展出）。鲁迅没有直说“我的后园有两株枣树”，而是分成四个短句，这是先生当时沉重心态的反映。先生心中愁闷，需要到后园来静一静，寻找一份暂时的安宁。参观过鲁迅故居后再来国家典籍博物馆名家手稿展厅看看先生的手稿：字迹端正严谨，手稿一字一格，涂改不多，全篇一气呵成，说明先生有在写作前打腹稿的习惯，即使心中愁苦也是波澜不惊，徐徐地将心中愁闷倾注笔端。名人故居旅游帮助观众深入了解名人佳作创作历程，深刻地理解文化背景，带动观众阅读经典名著热情。

（二）人文旅游与历史遗迹保护研究相结合，提升旅游的文化价值

1994年山东曲阜的三孔——“孔庙、孔府、孔林”被联合国列为世界文化遗产，曲阜也是全国首批公布的历史文化名城之一。很多到过曲阜旅游的游客都是走马观花，大多喜欢观看历代皇帝的题咏、千年如盖翠柏、历史遗址风景等。2017年9月，国家典籍博物馆联合国家古籍保护中心、曲阜市人民政府、孔子博物馆共同主办“圣贤的足迹　智者的启迪——孔府珍藏文献展”，展览介绍孔子的生平经历、孔子对后世子孙的家风熏陶、孔子的思想精华、儒家思想发展历程以及历代对孔子的景仰尊崇等。展览展出了国家图书馆馆藏最早的《论语》刻本、宋版《四书章句集注》《玉虹楼法帖》等。现存的569块“玉虹楼法帖刻石”陈列于曲阜孔庙东西两庑北部，但经历时代变迁、自然以及人为原因的磨损毁坏，已出现多处残缺或遗失。国家典籍博物馆此次展出的《玉虹楼法帖》是孔子后人孔继涑所辑，此帖刻拓精妙，具有很高的书法艺术价值和史料价值，对后世影响很大，观众到馆参观能窥得石刻上的字体全貌，感受中国书法之美，弥补其遗憾。历史遗迹旅游能激发观众学习研究文化的热情，促进对历史的分析与理解，提升旅游的文化价值。

（三）革命圣地旅游帮助观众认知先辈们的革命历程，激扬爱国热情

每年都有很多游客去革命圣地旅游，加强爱国主义教育，当地也有很多博物馆或陈列室展出相关革命历史文献，这些革命历史文献主要记载当地发生过的革命史实。这些分散在各地的革命历史文献是单独的点，而国家典籍博物馆则是一条主线，把这些散开的各个点串连到一起，从源头细述，娓娓道来中国共产党的革命历程。国家典籍博物馆展出过“传承红色基因·弘扬长征精神——长征途径省份文化系统老干部书画作品展”“不忘初心，砥砺奋进——国家图书馆革命历史文献精品展”“红色记忆——国家图书馆纪念中国共产党成立95周年馆藏文献展”“不朽的长城——纪念中国人民抗日战争暨世界反法西斯战争胜利70周年馆藏文献展”，举办过相应的讲座“从大革命到抗战：中国共产党是如何崛起的”。展览展出了国家典籍博物馆丰富的革命历史文献，比如，1920年初，陈望道翻译的中国第一个中文全译本《共产党宣言》；美国记者埃德加·斯诺1936年赴陕北革命根据地考察后撰写的《西行漫记》；马克思、恩格斯等人的手稿等。通过文献资料、图片、影像等方式从源头细述中国共产党接受、运用马克思主义这一思想武器，党组织的创建壮大，历次党章的修改，中国共产党从斗争实践中在思想作风建设、领导的统一战线建设、群众路线建设方面取得的经验等。让到过革命圣地的旅游者的革命理论修养得到进一步提升，对中国共产党的革命历史脉络有更深刻的认知，更加激扬民众的爱国热情。

党的十九大报告指出我国社会主要矛盾已经转化为人民日益增长的美好生活需要和不平衡不充分的发展之间的矛盾。旅游、文化、体育、健康、养老作为“五大幸福产业”的重要领域，随着国民经济和社会的不断发展呈现出更旺盛的市场需求，国家典籍博物馆作为国家政策的实施单位，应顺势而动、应时而为，积极推进落实好这一惠民国策，进一步与旅游业紧密融合，共谋发展，更好地建设新时代中国特色社会主义文化强国。

国家典籍博物馆综合实践课程的探索与实践

卫春(北京市西城区展览路第一小学)

2014 年 4 月,教育部印发的《关于全面深化课程改革落实立德树人根本任务的意见》中提到“广泛利用社会资源,科学设计和安排课内外、校内外活动,营造协调一致的良好育人环境”。北京市西城区展览路第一小学毗邻国家典籍博物馆,该馆于 2014 年对公众开放,是以展示中国典籍、弘扬中华传统文化为宗旨的国家级博物馆,丰富的典籍资源是学生学习的良好介质,有利于拉近学生与优秀传统文化的距离,从而进一步增进学生对中华传统文化的认同感,增强中华民族的文化凝聚力。

中华典籍的存在记录了中华民族在这片土地上繁衍融合、共同创造历史的事实,展示着自然界与人类社会从古至今的发展轨迹,承载着深厚的文化底蕴。组织学生参加国家典籍博物馆综合实践课程,不仅可以让学生感受到中华传统文化的博大精深,激发孩子们的民族自豪感和自信心,提升对传统文化的兴趣,还能让孩子们在亲自动手实践的喜悦中获取知识。可以说,国家典籍博物馆综合实践课程促进了孩子们的成长,有利于孩子们传承中华优秀传统文化,提升孩子们的综合素养。

一、国家典籍博物馆综合实践课程的目的及意义

2016 年 9 月,我国发布了《中国学生发展核心素养(征求意见稿)》提出学生发展核心素养是指学生应具备的、能够适应终身发展和社会发展需要的必备品格和关键能力,综合表现为 9 大素养,这 9 大素养的形成离不开综合实践活动类课程。

综合实践活动类课程的经验性是学生核心素养形成的基础，这种经验性是立足学生本位的，以学生为出发点进行设计，正如探秘典籍活动，不仅包括主题参观活动，还根据学生个性特点和认知发展水平设计了互动体验项目；综合实践活动类课程的实践性是学生核心素养形成的途径，这种实践性是以主题的形式开展活动，以任务作为驱动，学生通过亲身经历和实践，体验、感悟其中蕴含的奥秘；综合实践活动类课程的综合性是学生核心素养形成的保障，这种综合性体现在对学生生活领域、生活经验和各学科之间的融合，超越了书本的限制、学科知识的限制、校园课堂的限制，学生走进典籍博物馆，可以接触到生活中那些既熟悉又陌生的事物。总体来说，以探究典籍为主线的综合实践活动类课程有助于培养学生的感悟鉴赏、乐学善学、勇于探究、人文积淀、人文情怀、文化自信、合作担当等素养。

二、国家典籍博物馆综合实践课程的预期目标

（一）总体目标

（1）让典籍博物馆成为学生第二学习场域；

（2）使学生获得知识的拓展、文化的滋养；

（3）培养学生感悟鉴赏、乐学善学、勇于探究、人文积淀、人文情怀、文化自信、合作担当等核心素养。

（二）阶段性目标

1. 第一阶段

（1）使学生获得知识的拓展、文化的滋养；

（2）让典籍博物馆成为学生的乐园或第二学习场域，成为生活中重要的组成部分；

（3）使学生通过写写甲骨文、动手编竹简等实践活动，感受古代文化和技术的魅力；

（4）培养学生乐学善学、勇于探究等素养。

2. 第二阶段

(1)通过探究典籍的演变过程、说文解字溯甲骨等活动中领略古人的思想和智慧;

(2)为学生创造穿越时空、与先贤对话的机会,让学生为先贤的创造力及其对世界文明发展的贡献感到自豪,增强文化自信;

(3)培养学生感悟鉴赏、人文积淀、合作担当等素养。

3. 第三阶段(持续发展)

(1)使学生养成读经典的习惯,培养他们对书籍文化的爱好,甚至影响他们的研究之路或者职业人生的选择;

(2)培养学生人文情怀、文化自信等素养。

(三)工作措施

(1)建立校领导小组,由校长牵头,典籍博物馆协助,带领主任及相关教师共同筹划;

(2)活动实施中实行导师制和团队制,每个导师带3—4组学生,使指导和参观更有针对性;

(3)注重研究资料的积累、反思和评价;

(4)将该项目延续为学校的系列活动、特色项目。

(四)实施步骤

1. 前期调研与课程开发

(1)建立项目研究和实施团队;

(2)到典籍博物馆进行考察;

(3)在汇集众人智慧的基础上,开会讨论,确定活动实施方案;

(4)根据实际情况修改实施方案并预估可能遇到的问题和困难,尝试提出解决的策略,并落实博物馆讲解服务、学习材料准备、租车和协调时间等细节。

2. 走进国家典籍博物馆,综合实践课程学习

(1)活动前期动员,有计划有目的地开展实践活动,布置前期任务,分组并确

定导师，同时下发家长通知书，发挥家长的辅助教育功能；

(2)根据学生年龄特点进行项目实施，并全程记录；

(3)根据现场情况随时修改、补充课程内容，为校本教材提供依据。

3. 项目总结

(1)汇报、反思与评价，分为教师和学生两个维度；

(2)初步形成典籍课堂校本教材。

三、国家典籍博物馆综合实践课程阶段实施过程及效果

国家典籍博物馆作为青少年教育基地，是学校教育的延伸和补充。为弘扬我国优秀的传统文化，让学生深入了解中华璀璨的典籍历史文化，直面感受传统文化的熏陶，学校组织学生先后走进国家典籍博物馆参观学习，开展以“探殷商甲骨溯汉字起源”为主题的实践活动。

(一)活动内容的设置

博物馆研学旅行，往往以单调的参观、讲解为主。为提高活动的实效性，避免因小学生年龄小、注意力时间短而出现的学习疲劳，我们将活动设置为主题参观、互动体验、知识拓展三个环节，必要的体验活动符合小学生的年龄特点，使活动不仅仅是简单地看一看、转一转，也有更多的动手机会、动脑机会、动口机会，这丰富了参观博物馆的学习内容，动静结合，充分调动了学生参与博物馆学习的积极性。

同时我们也考虑到了学生不同年龄段的知识接受程度，通过分龄、分众、分层的内容讲解，结合多主题的手工参观和分组探秘式的展厅实地寻宝，通过博雅与专精的知识脉络，组织团队合作，提升了学生的传统文化素养，也真正的达到了研学旅行的目的，此次活动涉及3—6年级，学习难度和主题有所细化，不但培养了学生利用博物馆这种传播媒介学习的习惯，也加深了学生对多学科融合的知识的理解。

(二)活动人员的安排

为方便学校的统一教育教学管理,小学活动多以全校性质的集体活动为主。博物馆作为公共场所,有其特殊的教育环境和参观礼仪,成百上千的学生团队到馆参观,人多嘈杂,破坏了博物馆原有的学习氛围,不利于学生博物馆礼仪的形成,也达不到应有的体验与学习效果。为此,学校在开展博物馆研学旅行时,应将参观质量、研学效果放在首位,学校教育教学部门要通力配合,调整时间,调配教师,控制参与学生的数量。

此外,作为公共学习场所,博物馆的接待能力有限,为数不多的讲解员只能为部分参观者提供良好的讲解服务,因此控制学生数量也能确保讲解服务的质量与效果。

(三)活动过程的呈现

1. 参观环节

(1)甲骨文记忆展厅。回顾甲骨文发现的故事、研究的历程,识读、解析象形的甲骨文字,了解汉字的构造方法,体会甲骨文的写刻方式,认识分门别类的选骨方式、有迹可循的卜辞格式……动手体验了甲骨占卜,亲耳聆听了埙、鼓、磬等乐器的声音,感受了现代科技的魅力。学生们驻足在展柜前,认真倾听着老师的讲解,了解到甲骨文是中国商周时期刻在龟甲和兽骨上的文字,是世界四大古文字之一,是中国已知最早的成系统的文字,与甲骨面对面,逐步还原出商代社会的方方面面。

(2)中国古代典籍简史展厅。从文字的产生、典籍的萌芽,到历代典籍的出版和制作,书籍的发展历程标志着人类科学技术水平的不断提高。讲解老师按照时代顺序为同学们分阶段呈现重要典籍以及相关的人物和事件,系统梳理典籍的发展脉络,展现中国古代光辉灿烂的典籍历史。

2. 互动环节

结合展厅讲解内容,带领同学们亲身体验传统手工制作,帮助大家进一步加深对甲骨文、对文献典籍演进历程的理解,以寓教于乐的方式巩固所学知识,并提高同学们的参与度和积极性。“动手编竹简”,同学们两两合作,不仅体验了古人给竹简穿线、打结,在竹简上写篆隶,用小刀修改错字等有趣的过程,还培养了优良的团队合作意识。“墨韵拓甲骨”,直观感受甲骨文字形笔画的特点、传拓技术及拓片的特点及其应用于研究的优越性,充分感受到了古人的聪明才智及精湛工艺。“亲手挖甲骨”,通过模拟甲骨发掘,亲自体验到了考古工作的方法、步骤以及相关资料的收集、记录工作,体会考古工作者细致认真、不辞辛苦的工作态度,从而帮助他们更好地认识考古学相关工作、文物保护工作的重要性和面临的现实问题,树立正确的价值观,并从小培养他们爱护文物、热爱博物馆的人文情怀和深切的爱国主义精神。

3. 拓展环节

学生持典籍博物馆老师精心设计的学习单前往敦煌遗书和名家手稿展厅进行知识拓展。这是一次对学习成果的综合考验,同学们需要根据学习单上的提示在规定时间内自主地寻找答案。在敦煌遗书展厅,同学们透过一件件中古时代的珍贵写卷,感受到了丝绸之路上中西方文化交融的辉煌成就;在名家手稿展厅,同学们还见到了语文课本中鲁迅、巴金等作家作品的真迹,并深入了解每件作品的创作背景和作家的心路历程。拓展过后,大家意犹未尽,这些收获是同学们带着问题在不断思考、不断探寻的过程中获得的,是对自我的一次挑战。通过知识拓展,大家不仅更深入理解了典籍中蕴含的知识和内涵,锻炼了快速完成任务的能力,也更体会到了获取知识的快乐和满足感。

四、国家典籍博物馆综合实践课程——研学旅行的思考

2016 年 12 月,教育部等 11 个部门印发的《关于推进中小学生研学旅行的意见》提出:各中小学要结合当地实际,把研学旅行纳入学校教育教学计划,与综合实践活动课程统筹考虑,促进研学旅行和学校课程有机结合。课程活动化,活动课程化现已成为素质教育的必然趋势。

“读万卷,行万里路。”据统计,一个人只有 20% 的知识是在课堂上获得的,而

80%的知识收获都在课堂之外。增强整合性与实践性,是研学旅行的意义所在。作为一门综合实践课程,研学旅行涵盖了语文、数学、英语、历史、科学、书法、品德与社会等课程元素。它强调在“游”中“学”,从研学旅行地点的确定、课程的开发与实施等诸多方面,各学科老师通力合作,每个研学旅行地点的课程设计都有具体明确的课程目标、课程实施方案和课程评价方案。

因此,研学旅行不同于一般意义上的“春游”“秋游”。它引领孩子们带着问题走进各大博物馆、名人故居、名胜古迹和大自然。国家典籍博物馆综合实践课程的开发,基于教育教学要求进行了科学的系统性设计。通过博物馆研学旅行,一方面,我们希望能激发学生的兴趣。爱因斯坦曾说“兴趣是最好的老师”,也就是说,浓厚的学习兴趣可激起强大的学习动力,使学生自强不息,奋发向上。另一方面,借助博物馆丰富的典藏资源,弘扬中华优秀传统文化,让学生感受中华传统文化的博大精深,激发他们心中的民族自豪感和自信心,提升他们对传统文化的兴趣。当然我们面对的教育对象是尚处于对于事物感性认知阶段的小学生们,让他们明白这次活动背后的深层次意义尚有困难,这还需要我们的教师队伍开展下一步的教学实践探索,寓教于乐,化繁为简,让学生们在亲自动手实践的喜悦中获取知识。

参考文献:

[1] 章巍.“脚尖”上的课程[J].辅导员,2017(3):19.

文化文物单位研学旅游研究

谢玫玫(广西壮族自治区图书馆)

一、研学旅游的定义

广义上讲,研学旅游是指饱含学习和求知欲望的旅游主体,离开常住地点,进行异地探求寻知的旅游活动。具体来说,研学旅游是由学校根据区域特色、学生年龄特点和各学科教学内容需要,组织学生通过集体旅行、集中食宿的方式走出校园,在与平常不同的生活中拓展视野、丰富知识,加深与自然和文化的亲近感,增加对集体生活方式和社会公共道德的感受体验。

如今,研学旅游发展兴盛,研学旅游的组织方不仅限于学校,文化文物单位开展的以教育为目的的旅游活动也应纳入研学旅游范畴。文化文物单位主要包括各级各类博物馆、美术馆、图书馆、文化馆、纪念馆、非物质文化遗产保护中心、文物考古科研单位、演展院团等。2018 年 3 月 13 日,文化部和国家旅游局职责整合,组建文化和旅游部,这一重大部制改革表明,“文旅融合”已成为切实发展方向,用文化的理念发展旅游、用旅游的方式传播文化的趋势将更加明显。文化文物单位研学旅游趁势而起,成为丰富青少年精神文化生活,满足多样化消费需求,提升文化影响力的重要举措。

二、当前文化文物单位研学旅游发展现状

(一)政策环境良好

《研学旅行服务规范》(LB/T 054—2016)由国家旅游局于 2016 年 12 月 19 日

发布,于2017年5月1日起正式实施[1]。新规对服务提供方、人员配置、研学旅行产品、服务项目以及安全管理等几大类内容进行了详细规定。继而2018年3月13日,文化部和国家旅游局职责整合,组建文化和旅游部,为文化文物单位研学旅游提供了良好的政策基础。全国的研学旅游资源和经验进一步得到整合,更好地促进了青少年增强民族自豪感和文化传承意识,并可以为青少年打造更多的创新性地优质文旅课程。整个环境因有政策的出台而变得十分有利文化文物单位研学旅游的发展。

(二)市场需求旺盛

随着社会不断向前发展,人们消费水平逐渐提升,旅游逐渐成为热门。每到寒暑假,全国都会迎来出游的高峰,家长带着小孩或者是学生自由出行渐渐成为趋势。当旅游变热时,文化文物单位研学旅游作为更加契合学生的旅游方式,更具有针对性、代表性,会成为家长和学生的首选,市场潜力巨大。随着教育事业的发展,在未来,文化文物单位研学旅游很可能作为一项优质文旅课程,提供给全国的学校和学生。

(三)自身拥有优势

文化文物单位主要是文化局下属的文化单位,包括各级各类博物馆、美术馆、图书馆、文化馆、纪念馆、非物质文化遗产保护中心、文物考古科研单位、演展院团、等等。文化文物单位完全可以依靠自身的文化资源优势,为研学旅游提供文化知识信息,帮助挖掘各地的旅游资源,与旅游局相互促进,共同推出优质文旅项目。

(四)产业链有待发展成熟

文化文物单位研学旅游是依托文化部和旅游局整合的政策而兴起的新型旅游方式,其比以往的研学旅游更具有针对性、教育性、公益性,且由于提供方多数是国家公益性事业单位,不以营利为目的,更受到学校和学生的欢迎。这一新型旅游方式还是一个新生事物,它的兴起依托于国家政策,目前还没有发展成熟,产业链也有待进一步发展完善,而这不仅需要时间,也需要社会各部门、各组织的配合。

三、文化文物单位研学旅游发展的意义

(一)促进经济发展

文化文物单位研学旅游将作为新兴旅游形式,为学生、家长、学校所乐于接受。其本身既依托文化文物单位丰富的文化知识信息等资源,又有旅游单位的旅游路线开发,两者可以共同挖掘旅游资源,打造优质文旅项目,带动旅游产业发展,成为社会新的经济增长点。这对于社会与经济的发展,均有促进作用。

(二)创新研学旅游模式

文化和旅游的合并,利用各自优势,共同创新研学旅游模式,更有利于提高学生的综合素质。研学旅游是以学生为主体,以学生全面能力的培养为目标,其主要目的是丰富学生学习人文和自然文化知识。同时研学旅行是一种旅游相伴学习,学习与旅游互相交融的活动。它以旅游的方式帮助学生接触和体验社会文化知识,了解自然资源知识,从而使学生能够培养与大自然和平相处、与人协调配合的能力。

四、文化文物单位研学旅游发展策略

(一)扶持政策战略

依托新成立的文化和旅游部,朝着“文旅融合”的方向,申请出台更多的扶持政策,向新兴的文化文物单位研学旅游新模式实行倾斜,支持和培育研学旅游新模式的发展。通过创新旅游发展模式,积极探索和实践研学旅游的新模式,引领国内旅游新风尚。

（二）加大资金投入

这里所指称的文化文物单位大多都是公益性事业单位，这些单位属于非营利性单位，主要依靠国家和地方财政拨款。“文旅融合”开始，优质文旅课程的打造和实施，都需要国家的资金支持。这些课程一旦打造成功，将会给青少年研学旅游带来更多好处，大大提升青少年的综合素质。

（三）凸显地方特色

随着社会的发展，各地逐渐兴起研学旅游的新模式，但是在新模式的建立过程中，各地需要结合本地特色，不能依葫芦画瓢，以偏概全，或者照抄照搬，造成山寨产品泛滥。各地可以针对本地具体情况，因地制宜，打造出优质的文旅课程，吸引青少年、家长、学校，最终引领研学旅游风尚。

（四）加强社会合作

打造好的研学旅游产品，光有文化局和旅游局的整合还不行，还需要联合社会各部门，共同参与研发研学旅游的新模式。如参与方为青少年、学校、家长，就会涉及教育局、物价局等各单位，还需要有假期等，研学旅游活动不是由哪个部门单独行动就能完美地做到的，需要社会各部门之间进行合作，共同出力，打造优质文旅课程。

（五）与国际市场对接

研学旅游产品的开发，需要调研国内的资源优势和市场优势，进行产业融合、创意经营，把产业做大、做强。设计出的研学旅游产品要与市场需求匹配度高，甚至与国际市场接轨，要见贤思齐，不断改进和创新，打造旅游品牌。

（六）招揽专业人才

无论是开发还是推广研学旅游产品，都需要相关人员去实施。尤其是在产品的开发过程中，需要有专业的高素质人才，利用自己的技能和特长，做出具有针对性、代表性、可操作性等的产品并加以实施，所以文化和旅游部打造“文旅融合”的研学旅游模式，制订相关政策来招揽专业人才是很关键的。

（七）完善安全保障体系

研学旅游产品的利用实施过程，大多都是在户外进行的，有的去省外甚至国外旅游，因此涉及参与人员的人身财产安全问题。至为重要的是，参加研学旅游的对象多数是青少年，他们年纪小，缺乏社会经验，心智发展不成熟，生活常识有限，所以一旦发生意外，后果将不堪设想。故而在研学旅游产品的设计中，要特别注意人员安全，完善安全保障体系。

俗话说：“读万卷书，不如行万里路。”文旅融合，研学旅游产品的开发利用，对青少年甚至是社会人士的成长和进步都是很有意义的。文化与旅游整合，联合打造文化文物单位研学旅游新模式，将给我国文化事业和旅游事业注入新鲜血液。而要想实现旅游业与文化事业的共同发展，就要加强文化文物单位研学旅游的创新和应用，从而不断推动研学旅游工作向前发展。

参考文献：

[1] 研学旅行服务规范[EB/OL].(2018-08-17)[2019-01-02]. https://baike.baidu.com/item/%E7%A0%94%E5%AD%A6%E6%97%85%E8%A1%8C%E6%9C%8D%E5%8A%A1%E8%A7%84%E8%8C%83/22239687?fr=aladdin.

基于风险社会理论的研学旅游安全研究

翟向坤(中国劳动关系学院)

改革开放40年来,旅游日益成为人们生活的常态。2017年,我国国内旅游人数超过50亿人次,出境旅游达到1.3亿人次。

当代学生是朝气蓬勃、接受新事物能力很强的特殊群体,他们对旅游有着浓厚的兴趣和强烈的参与欲望。近年来,一系列突发事件的频发预示着我国正在步入"风险社会",甚至可能进入高风险社会。处于此环境的研学旅游亦不可避免地面临诸多风险。

一、文献回顾与基础理论

(一)风险社会理论简介

1986年德国社会学家乌尔里希·贝克(Ulrich Beck)在《风险社会》一书中首次提出"风险社会"理论。贝克认为,"现代性正从古典工业社会的轮廓中脱颖而出,正在形成一种崭新的形式——(工业的)风险社会"。而"风险社会"作为一个分析概念则是在20世纪80年代出现的。一般来讲,风险社会是指由于某些局部或是突发事件可能导致或引发的社会灾难。围绕"风险社会"概念产生了三种理论:一是现实主义的,以劳(Lau)的"新风险"理论为代表;二是文化意义上的,如凡·普里特威茨(Von Prittwitz)的"灾难悖论"理论以及拉什(Scott Lash)等人提出的"风险文化"理论,认为风险社会的出现体现了人类对风险认识的加深;三是制度主义的,以贝克、吉登斯(Anthony Giddens)等人为代表,他们是"风险社会"理论的首倡者和构建者。从制度主义角度强调个人主体性、现代制度以及科学技术在全球的扩展，把人类带入以“人为风险”和“制度化风险”为特征的世界性风险社会中[1]。

风险社会理论目前在我国仍处于起步阶段，其进入国人的视野，并不断引发各领域的研究，缘于2003年的SARS事件。SARS的暴发，让人们开始审视自身的生存环境，对社会风险的认知由无意识到再意识。一系列突发事件频发，尤其是和人们生活息息相关的公共交通、公共卫生、公共健康也不断受到威胁。学生作为社会上特殊的群体，其在外出研学旅游中亦面临来自各方面的风险。因此只有从单中心官僚体制走向以政府、社会、学校、第三部门为主体的多中心合作治理，突破既有的利益障碍，实现资源共享，以合作化解研学旅游安全风险，共同推进研学旅游的有效实施。

（二）国内外研学旅游安全相关研究与实践

由于国情差异，国内外研学旅游及其安全的研究与实践各有侧重与特色。

1. 研学旅游的概念界定

国外学者对研学旅游的研究内容丰富，形式多变，主要是将研学旅游作为教学要求，让学生直接体验社会，学习自然文化知识，提高跨文化理解能力。他们认为，研学旅游（Educational Tourism）是参与旅游活动的旅游者（过夜游客和远足游客）为了获得与他们学科相关的新知识[2]，以团体形式离开居住地到异地进行学习实践的旅游活动[3]，这种活动包括普通教育旅游、成人教育旅游、国际和国内大学及学校学生的旅行（语言学校学习、学校远足和交换生项目）[4]。

国内关于研学旅游的研究最早可追溯到1996年，但当时并未出现“研学旅游”一词，而是使用“修学旅游”，学者吕可风在《话题讨论式教学——来华修学旅游学生教学方式探讨》一文中首次使用“修学旅游”一词，并对来华修学旅游学生的教学方式进行了研究[5]，其后的十几年里，大部分学者在研究中一直沿用“修学旅游”一词。2013年我国颁布《国民旅游休闲纲要（2013—2020年）》，其中首次提出“逐步推行中小学生研学旅行”，自此学者们又开始使用“研学旅行”一词。2016年11月，教育部、发改委、公安部、共青团中央等部门联合印发了《关于推进中小学生研学旅行的意见》，明确提出将研学旅行纳入中小学教学计划。《意见》指出，研学旅行是“由教育部门和学校有计划地组织安排，通过集体旅行、集中食宿方式开展的研究性学习和旅行体验相结合的校外教育活动”。综上可见,在国内,“修学旅游”“研学旅行”“研学旅游”三者在本质上几乎没有差别,为了顺应时代要求及保持行文统一,本文将这三个词归并为“研学旅游”,并以此作为本研究的关键词。

研学旅游研究在我国尚处于初级阶段,没有形成完整的理论体系。即使对研学旅游的概念,国内学者亦因其研究诉求各异而各有说辞,尚未统一。但纵观诸多学者的研究,中南林学院文红教授等提出的概念颇具有代表性:研学旅游以一个专题为目标,以在校学生为主体,以教师等其他人员为补充,以增进技艺,增长知识为目的的一种专项旅游活动[6]。既涵盖了广义和狭义的研学旅游,又突出了研学旅游与其他旅游活动在“学”上的区别。除此外,陈建南、赵锐、陈非等学者亦对研学旅游的概念进行了类似界定。

另外,需要着重指出的是,学者们普遍给出的研学旅游的主体范围均为中小学学生,虽然这符合当前国家政策的界定范围,但从长远来看研学旅游的市场范围必定会延伸至大学生乃至成人市场,鉴于此,本文对研学旅游研究的客源范围并未仅局限于中小学生。

2. 研学旅游安全研究综述

(1)研学旅游安全内涵研究

研学旅游安全有着较为广泛的范畴,包括旅游者在旅游过程中的人身安全[7]、财产安全[8]、心理安全[9]、名誉安全[10]等。具体来讲就是旅游者人身不受伤害,随身物品保持完好无损,旅游者在整个旅游过程始终处于轻松愉悦的环境中,没有受到外来的骚扰和威胁,也没有发生有惊无险的情况(特殊旅游活动,如登山、漂流、探险等除外)[11]。

(2)研学旅游安全研究现状

影响研学旅游安全的因素来自诸多层面,包括外部的、内部的,可控的、不可控的等。近年来,在外部环境相对良好的情况下,学者所关注的影响研学旅游的主要因素已经由外部的政策支持变为研学旅游活动的质量、成效及安全等内部因素。其中,研学旅游安全事故的频发,更是引起了社会各界的高度重视。Rohmi(2012)指出显著影响研学旅游的因素包含5个推动、6个拉动旅游因子,其中外部可控的6个拉动旅游因子即目的地属性,分别是文化和自然景观、旅游费用、目的地形象、社会环境和安全因素[12]。

在我国,直接以研学旅游安全为研究对象的学术文献非常少。2017 年,贵州师范大学李祥、郭杨《中小学研学旅行的风险及其规避》一文指出中小学研学旅行可能存在目标偏离、学生安全难以保障、乱收费、市场逐利等风险,这是由于研学与旅行关系难以平衡、安全保障制度缺乏、监督管理不力等原因。规避研学旅行的风险,需要确定科学的课程方案,构建常态化的安全保障制度,强化监督机制,发挥市场机制、社会组织的优势[13]。2018 年,钟林凤、谭诤在《教育与管理》杂志上发表《中小学研学旅行安全保障体系的构建》一文,该文首先对研学旅行安全问题的现状进行分析;其次,从学生和学校两个层面,对中小学研学旅行的安全事故频繁发生的原因进行分析,认为主要存在以下几个问题:学生安全意识薄弱、学生缺乏安全教育、学生心理素质差、学校管理制度不完善、学校救援系统不到位、学校缺乏必要的安全装备等;最后,针对存在的安全问题,就如何构建研学旅行安全保障体系提出改进意见[14]。

尽管如此,国内学术研究更多的还是从对影响研学旅游因素的探讨中,简单涉及安全问题,呈现出以下成果:第一,明确影响参与研学旅游意愿程度的最大因素是效果因素,影响家长是否同意孩子参加研学旅游的最大因素是安全因素[15-17],而研学旅游的安全机制以及规范机制的不完善是阻碍研学旅游顺利开展的重要因素[18],故应从研学旅游的组织策略入手,完善活动机制、保障活动安全、充实活动内容、规划科学路线、追求教育实效[19-20];第二,明确鉴于研学旅游安全风险管理的公共性,构建研学旅游安全支撑系统不仅是政府单方面的职责,多个路径主体也应参与研学旅游安全政策的制定与实施,以构建协同发展的支撑网络[21-23]。在这一网络中,应秉承“政府主导、学校主体、行业主操、区域联合、国际合作”的原则,以促进研学旅游发展[24]。

综上,毋庸置疑,国外对研学旅游安全的研究与实践已经有了良好起步,且正在逐步深入。国外研学旅游安全研究的内容、方法相对系统和规范,研究建议更加明确具体,对实践有更显著的指导作用。

相对而言,随着我国经济的发展以及教育改革的深入,国内对于研学旅游安全的探讨近些年也得到了更多的关注,整个研究态势亦逐渐前进和深入。但相关研究在我国仍处于初级阶段,尚未形成完整的理论体系,相关研究论文的深度和水平还不够;研究视野狭窄,研究内容单薄,缺乏研究的持续性等。至于对策方面,多数学者立足于从宏观和微观层面推进研学旅游并提出指导意见,但研究成果的观点不够鲜明,应用性尚待加强。在研究方法层面,研究者普遍采用文献研究法,实证研究方法的应用则相对缺乏。

二、研学旅游安全内涵

(一)研学旅游内涵

国内对“研学旅游”的研究主要基于“旅游是手段,教育是目的”这一视角,其概念有广义、狭义之分,广义的研学旅游是指以研究性、探究性学习为目的的专项旅行,狭义的研学旅游则是一门以学生为主体,以培养学生能力为目标,在内容上超越了教材、课堂和学校的局限,具有探究性、实践性的综合实践活动课程[25]。它具有目的教育性、内容多样性、活动集体性、主体实践性等特点。

(二)研学旅游安全内涵界定

作为旅游安全研究领域的一部分,研学旅游安全是保障研学旅游活动顺利进行及可持续发展的基础。研学旅游安全是指学校在组织研学旅游过程中及学生在参加研学旅游课程中,因各种原因导致的人身及财物安全[26]。由此可见,研学旅游安全是一个综合的概念,既涉及参与者的安全,也包括应对各种突发事件、化解风险、抵御各种灾害、维持稳定的能力[27]。

三、研学旅游安全现状及风险成因

(一)研学旅游安全现状

改革开放四十年来,随着我国经济的快速发展,人们越来越重视学生综合素质的提高。研学旅游作为一门新的校外综合实践活动课程，日益受到人们的青睐，但目前的研学旅游市场仍存在诸多的问题与风险，如研学旅游产品缺乏、价格较高、人才匮乏、信息不对称等，尤其需要关注的是随之频发的研学旅游安全问题。

十余年前的《2006 年全国中小学安全形势分析报告》即显示，在各类学生安全事故中，有 10% 的事故是因自然灾害等客观原因导致的事故，然而有 90% 是属于各类安全责任事故。另据教育部统计，2015 年全国中小学校园安全事故中校外安全事故发生的比例是 61.61%，校内安全事故发生的比例是 38.39%。可见，校外安全事故发生的比例远高于校内安全事故。其中，溺水和交通事故是发生概率最多的校外安全事故，所占概率为 50.89%，因此，作为以提升学生核心素养为主要目的的校外教育综合实践活动，研学旅游所面临的安全风险及形势非常严峻，亟须关注并减少安全事故的发生。

(二) 研学旅游安全风险及成因

作为一个较为宽泛的概念，研学旅游安全风险可以简单分为内部性风险和外部性风险。

1. 内部性风险

内部性风险主要是指因参与者自身的旅游安全意识淡薄甚至缺乏而引致的不确定性。作为一个特殊的社会群体，学生是在家庭的呵护和老师的关心下成长起来的，从小学、中学到大学，没有多少安全防范意识，旅游安全意识更是淡薄。再加上他们的知识结构不太完善，知识面相对狭窄，思维模式比较单一，且缺少旅游经验，故面临风险时常常不知所措，出现紧张、恐惧和逃避的心理，更易造成一定的安全事故。

2. 外部性风险

(1) 研学旅游安全教育风险

旅游安全教育风险是指由于学生旅游安全教育缺失造成的不确定性。对于学生而言，无论是学校教育、家庭教育、社会教育，都缺乏专业的旅游安全教育。对学生安全素质教育和培养的忽视，使得学生的旅游安全危机应对技能非常欠缺，危机应对心理极易失衡。因此，一旦遇到旅游安全危机往往无法正确应对，易于出现安全问题[28]。

(2)研学旅游安全管理风险

鉴于研学旅游属于校外集体活动,具有集体性、实践性的特征,学生参与数量多,校外环境不可控,相对而言,参与学生的管理难度会增加,安全风险亦会增大,法律责任也随之增加,但是学校安全责任边界的划分却不清晰。即便是外包给第三方组织具体承办,这也并不导致校外活动性质的变化,也不因此减轻或免除学校管理、保护学生的法定义务[29]。但目前绝大多数学校在研学旅游方面,并未制定相应的管理制度和预案,缺乏对研学旅游组织者和学生的监督管理和技术指导,且无专业性的研学旅游教师,存在极大地安全管理风险,极易产生安全事故。基于此,在现行评价机制下,学校最终多以牺牲学生的全面发展为代价来规避研学风险。

(3)研学旅游安全保障体系风险

旅游安全保障体系风险是指由于缺乏研学旅游安全保障体系引致的不确定性。完善的研学旅游安全保障体系是确保研学旅游安全的重要环节,对于研学旅游安全事故前中后阶段的预警、救援和保险善后等具有重要作用,因而必须进一步健全和完善研学旅游预警机制、救援机制及保险机制[30]。但从目前实际情况看,我国仍未建立起科学、规范、高效的研学旅游安全保障体系,学生的旅游安全保障能力仍有待提升。

(4)市场介入产生的逐利风险

作为一种高效的资源配置机制,市场机制具有竞争性、差异性和选择性的优势。鉴于此,21 世纪以来,依靠非政府力量尤其是市场力量解决教育资源配置的复杂问题成为主流趋势。市场机制参与研学旅游的确可以提供更为多元和优质的研学旅游产品,但亦须面对公益性与营利性之间的矛盾与冲突,市场介入产生的逐利风险即是直接表现。鉴于研学旅游市场的蓬勃发展,更多企业与组织的进入使得研学旅游市场良莠不齐;同时,为了吸引招徕接待更多地客源、赚取更多的利润,市场中的企业与组织可能会在实践中有意或无意的降低安全保障,通过牺牲安全来降低经营成本,这极大地增加了研学旅游的安全风险。

四、风险社会下研学旅游安全社会支撑体系构建研究

（一）风险社会下研学旅游安全社会支撑体系概述

2016 年 12 月，国家旅游局、教育部等 11 部门联合颁布了《关于推进中小学生研学旅行的意见》，涉及的部门包括教育部、国家发展改革委、公安部、财政部、交通运输部、文化部、食品药品监管总局、国家旅游局、保监会、共青团中央、中国铁路总公司。11 部门联合发文即反映了研学旅游所涉相关利益主体的多样化。此外，研学旅游实施过程亦涉及学校、家庭、旅游企业及社会组织、保险公司等相关机构和组织。鉴于目前研学旅游安全的现状，构建一个动态、开放的研学旅游安全“政府—学校—家庭—学生—旅游企业及社会组织—行业协会—保险公司—新闻媒体”社会支撑体系[31]，有效地解决研学旅游安全风险问题已显得非常必要。

风险社会下研学旅游安全社会支撑体系主要是以保障风险社会中的研学旅游安全为出发点，以研学旅游安全路径支撑主体为桥梁，组成的多位一体的有机网络互动机制。

（二）风险社会下研学旅游安全社会支撑体系构建

风险社会下研学旅游安全社会支撑体系的构建应基于社会参与者的成本比较优势及其利益诉求的内容和强度，应充分发挥各参与者的优势功能，分工协作、相互衔接。

1. 政府部门

在研学旅游安全中，政府扮演着研学旅游监管的宏观支持主体和法定责任者角色。参与研学旅游安全监管的行政机构是融合了旅游行政管理部门、教育行政管理部门、安全部门、公安消防部门、卫生防疫部门、信息发布机构等多个部门的职能体系[32]。经过相应职能的集成和调配，完善相关法律，明确安全责任的法律划分及追究，构建常态化的研学旅游安全保障制度，并自上而下组成统一指挥、功能齐全、反应灵敏、运转高效的研学旅游安全监管系统，积极引导动员社会力量投身

研学旅游安全教育及应急救助中来，最终实现研学旅游的有序化、规范化，避免表面化、趋利化。

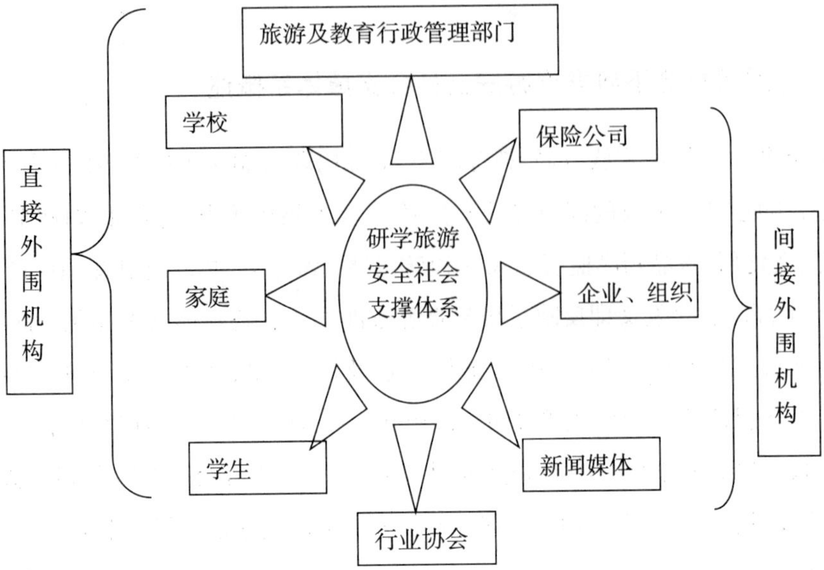

图 1　研学旅游安全社会支撑体系构建图

2. 学校

构建研学旅游安全社会支撑体系，学校是其中一个至关重要的微观实施主体。鉴于此，学校须大力加强对教师和学生的旅游安全教育，使其在旅游过程中牢固树立"安全第一"的意识。

首先，须进一步健全和完善研学旅游安全课程体系，充分发挥学生的"主体"作用。根据不同年龄段学生的认知水平和能力设计并选择形式多样的研学旅游活动，通过播放安全教育课程、主题班会、公益片、知识竞赛等方式，着重加强对学生旅游安全防范意识、防范能力以及应急处理能力的教育和培训，切实增强学生自我管理、自我保护的能力。

其次，作为学生旅游安全的管理者和监督者，学校必须大力加强对学生旅游安全的监管和指导工作，进一步健全和完善学生旅游安全管理制度与预案，落实安全责任、人员分工等，提供必要的安全设施设备，实现全方位、立体化、多层次的监管。

3. 家庭

现在大多数的学生是在“四二一”的家庭（四二一家庭，指由祖父、祖母、外祖父、外祖母四人，父亲、母亲二人和一个独生子女所构成的金字塔形的家庭。）环境中出生与成长，物质上得到了尽可能的满足，但是家庭在安全与危机意识的教育培养及应急技能的培训方面都极其缺乏。作为学生研学旅游安全社会支撑体系中的关键一环，家庭应该从小就培养孩子的安全与危机意识，注重应急救助能力掌握的指导[33]。

4. 学生

作为一项注重体验性、探究性的校外实践活动，研学旅游的课程要求参与者具有较好的心理素质，遭遇突发情况和问题时，能够做到沉着镇定。而目前参与学生的年龄小、专业化的安全教育不够是导致研学旅游安全事故发生的重要原因。鉴于研学旅游的独特性，学生应不断在安全知识结构等方面提高自己，强化安全意识，尽量做到防患于未然，如若不能，也应提高自我管理、自我服务和自我保护的能力，以便能冷静应对旅游危机事故。

5. 行业协会

在构建研学旅游安全社会支撑体系的过程中，行业协会亦起着重要的作用，须充分发挥其功能。首先，应积极参与并承担研学旅游安全信息的搜集、分析、对策制定，并及时通过各种媒介渠道向旅游企业、社会组织、学校、学生等发布国内外研学旅游安全信息；其次，通过各种形式的行业培训，加强对会员企业的研学旅游安全教育，提高其危机事故处理的能力[34]。

6. 旅游企业及社会组织

作为研学旅游的重要支持主体，旅游企业和社会组织直面学生，在研学旅游安全中亦可以发挥特长。首先，旅游企业及社会组织应加强研学旅游安全宣传教育，而这既要面对学生又要面向旅游从业人员及社会组织成员，针对前者，可通过旅途中的各种告示及解说系统，亦可通过旅游从业人员及社会组织成员的安全建议等进行宣传；针对后者，一是加强安全教育与培训，二是严肃旅游安全事故的处理。旅游企业及社会组织必须重视提高成员的安全管理意识，培养他们的安全管理及安全事故应急处理技能。其次，研学旅游的执行企业及社会组织应提升自身专业化的水平和能力,构建研学旅游安全事故应急预案,加强对研学旅游的基地、设施设备等的监管,尽最大可能降低安全隐患的发生概率。

7. 新闻媒体

新闻媒体在研学旅游安全支撑体系中往往起着极为重要的作用。通过对研学旅游安全问题的追踪报道,新闻媒体可以激发社会的研学旅游安全意识,并对学校、旅游景区(点)、旅行社、酒店等研学旅游参与单位的安全管理以及活动时间、内容、路线、费用支出细目等起到舆论监督作用,帮助促进旅游安全管理。

8. 保险公司

近年来,随着研学旅游的快速发展,与之有关的重大意外伤害事故屡有发生,学生的保险保障问题亦成为人们关注的焦点。保险公司应根据研学旅游的特点,适时推出相关险种,精心设计不同的保障额度;为研学旅游设置灵活的保障形式和便捷的缴费方式,亦可为其提供集意外伤害保险和旅游紧急救援在内的一揽子保险服务。

参考文献:

[1] 风险社会理论与和谐社会建设——杨雪冬研究员访谈[J]. 国外理论动态,2009(6):1 - 6.

[2] SAMAH A A, AHMADIAN M. Educational tourism in Malaysia: implications for community development practice[J]. Asian social science, 2013(11):17 - 23.

[3] GUNAY A. Impacts of educational tourism on local community: the case of Gazimagusa, North Cyprus[D]. North Cyprus: Eastern Mediterranean University, 2015.

[4] RITCHIE B W. Managing educational tourism [M]. London: Channel View Publications, 2003: 11 - 13.

[5] 吕可风. 话题讨论式教学——来华修学旅游学生教学方式探讨[J]. 旅游研究与实践,1996(1):60 - 61.

[6] 文红,孙玉琴. 对开发修学旅游市场的思考[J]. 怀化学院学报,2005(1):50 - 54.

[7] 郑火林. 旅游统计学[M]. 北京:旅游教育出版社,1988:14 - 15.

[8] 韩玉灵. 旅游法教程[M]. 北京:旅游教育出版社,2000:44 - 46.

[9][11] 许纯玲,李志飞. 旅游安全实务[M]. 北京:科学出版社,2000:8 - 9.

[10] 张福进,郑向敏. 旅游安全研究[J]. 华侨大学学报(人文社科版),2001(1):15 - 22.

[12] ROHMI M Y G. Motivational factors influencing choice among Arab students of Malaysia as edu-

cational tourism destination[D]. Sintok, Malaysia: University Utara Malaysia, 2012.
[13] 李祥,郭杨. 中小学研学旅行的风险及其规避[J]. 中小学管理,2017(8):28-30.
[14] 钟林凤,谭诤. 中小学研学旅行安全保障体系的构建[J]. 教育与管理,2018(18):71-74.
[15] 李东和,王丹丹,朱玲玲. 学生群体对研学旅行的认知、满意度及行为意向关系研究——以合肥市部分中学为例[J]. 皖西学院学报,2016(5):23-28.
[16] 夏可军. 研学旅行中值得关注的问题[J]. 中国民族教育,2017(3):48-49.
[17] 陈光春. 论研学旅行[J]. 河北师范大学学报(教育科学版),2017(3):37-40.
[18] 杨艳利. 研学旅行:撬动素质教育的杠杆——访上海师范大学旅游学系系主任朱立新教授[J]. 中国德育,2014(17):21-24.
[19] 郑勇. "探寻水乡古韵传承江南文化"——昆山实践基地研学旅行课程初探[J]. 科学大众(科学教育),2014(9):59.
[20] 王雪. 研学旅行发展的对策分析[J]. 现代教育管理,2016(6):273-274.
[21] ANDERSON D, KISIEL J, STORKSDIECK M. Understanding teachers perspectives on field trips: discovering common ground in three countries[J]. Curator the museum journal, 2010(3): 365-386.
[22] 汪季清,李庆庆. 黄山市修学旅游开发的原则和策略[J]. 淮海工学院学报(人文社会科学版),2012(6):60-63.
[23] ABUBAKAR A M, SHNEIKAT B H T, ODAY A. Motivational factors for educational tourism: a case study in Northern Cyprus[J]. Tourism management perspectives, 2014(11): 58-62.
[24] 胡亚琴. 广东省发展修学旅游的优势及策略[J]. 全国商情·经济理论研究,2009(9): 88-89.
[25] 丁运超. 研学旅行:一门新的综合实践活动课程[J]. 中国德育,2014(9):12-14.
[26] 张合. 浅析我国旅游景区安全管理[J]. 企业家天地,2006(12):102-103.
[27] 邹永广,郑向敏. 旅游景区安全评价模型及实证研究[J]. 中国安全科学学报,2011(3): 156-162.
[28][30][31][33] 翟向坤,韩玉灵. 大学生旅游安全风险防控[J]. 人民论坛,2017(12): 64-65.
[29] 张文国. 学生在春游中受伤,责任谁承担[J]. 中小学管理,2009(8):23-27.
[32][34] 翟向坤. 论中国旅游救援体系的构建[J]. 北京工商大学学报(社会科学版),2008(9):84-9.

文化旅游创意产品开发探究

王艳贞(郑州图书馆)

2018 年 3 月国家旅游局和文化部合并成立文化和旅游部,文化旅游一词的热度飙升。十九大以来,国家十分重视经济结构改革,提倡创新,倡导发展文化创意等新兴消费。文化创意产业与旅游产业的融合是大势所趋,促进文旅融合,携手共赢未来。是文在阐述了文化旅游创意产品开发的重要意义的基础上,归纳总结出目前文化旅游创意产品开发的发展困境,提出了在文化旅游创意产品开发中注重地方特色、增强品牌意识、提升文化特性、拓宽开发渠道的谋破之道。

一、大势所趋——文化旅游创意产品开发的重要意义

文化与旅游有着天然的联系,文化是旅游的灵魂,旅游是文化发展的重要途径,文化与旅游在实践中的重合度越来越高,“文旅”一词一度成为热词。2018 年 3 月文化和旅游部成立,“文旅”一词再度受到人们的广泛关注。文化和旅游部也将“推进文化和旅游融合发展”定为主要职责之一。文旅融合已是大势所趋,进行文化旅游创意产品开发具有十分重要的经济意义、文化意义和现实意义。

(一)有利于促进产业结构的优化升级

文化旅游创意产品开发,就是以创意产业模式对旅游产品进行开发,符合当下低碳时代的要求,是一种能耗低、产出高的绿色产业,是“朝阳产业”。文化旅游创意产品开发,是契合“创新、协调、绿色、开放、共享”新发展理念的,是文化、旅游产业发展新的动力源,有利于促进产业结构优化升级,带动社会经济良性发展。

(二)有益于保护文化资源,弘扬优秀文化

中华文明源远流长,有着深厚的历史文化底蕴。文化旅游创意产品开发,其实质是对文化的挖掘。进行文化旅游创意产品开发,一方面是对文化资源保护的积极探索,另一方面也是对弘扬优秀传统文化,进行文化传承的有益尝试。

(三)有助于增强旅游景区的竞争力,提升旅游景区的知名度

旅游景区的吸引力是由消费者的内在动机和外在推动力所决定。内在动机即是指消费者的旅游需求,外在推动力则是指旅游景区本身具有的资源、服务、形象等。文化旅游创意产品是旅游景区中的重要资源。十里不同俗,不同地方自有其独特的文化特征。文化差异促使消费者选择具有特色的文化旅游产品。文化旅游创意产品就能满足消费者的这种需求。文化是旅游的灵魂,每一个旅游景区都有其不同的文化内涵。当旅游景区能通过深度挖掘其文化内涵,为消费者提供具有文化性、趣味性的文化旅游创意产品时,消费者的需求得到了满足,就会对旅游景区留下良好印象;而消费者带回家的文化旅游创意产品对旅游景区也是一种宣传,“好花一开蜜蜂自来”。因此,好的文化旅游创意产品有助于旅游景区增强竞争力、提高辨识度、提升知名度。

因此,文化旅游创意产品开发不仅有助于保护和开发各民族、各地方的特色文化,丰富和完善旅游产品的内涵及价值,还有助于促进地区经济结构的转型与发展。文旅融合已经成为现实发展方向。用文化的理念发展旅游,用旅游的方式传播文化,进行文化旅游创意产品开发,携手共赢未来。

二、发展困境——文化旅游创意产品开发的现状

文化旅游创意产品开发,就是以创意产业模式开发出集文化性、知识性、艺术性、趣味性为一体的创意产品。对比全国各大景区购物点,发现我国文化旅游创意产品开发陷入了同质化严重,地方特色不明显;品牌意识、产权意识不强;对文化挖

掘的深度不够，文化性较弱等发展困境。

（一）同质化严重，地方特色不明显

文化旅游创意产品作为文化的载体，应当承载着不同的地域文化，反映出不同的文化渊源[1]。万千旅游景区，风格各异，理应有各式各样、风格迥异、各具特色的文化旅游创意产品。然而，纵观全国各级各类旅游景区售卖的“地方特产”，都是丝巾、披肩、手串、项链、吊坠、T恤、茶杯等司空见惯的日常用品。小桥流水的江南景区、大漠孤烟直的西北景区，两种风格迥异的地域，其旅游产品除了图案的差别，看不出景区本身文化资源的特色。全国各大景区旅游产品大同小异，游客往往寻觅半天，也无法挑选到具有鲜明的地域特色的旅游产品。无法满足游客的消费需求，就不能调动起消费者的购买欲望。同质化严重，地方特色不明显已经成为我国文化旅游创意产品开发的一大痛点。

（二）品牌意识、产权意识不强

品牌作为一种标识，蕴含着巨大的市场潜能。品牌是文化的代言人，先做品牌，再做产品，最后才是销售[2]。购物在很大程度上取决于品牌认知度。然而，我国除了年销售量达10亿元的故宫外，其他景区文化旅游产品品牌寥寥无几。多数景区并没有品牌意识、产权意识，未对自己的无形资产进行开发、利用；甚至直接对别的景区好的文化旅游创意产品进行复制。品牌意识、产权意识缺乏是阻碍文化旅游创意产品开发持续发展的重要因素之一。

（三）对文化挖掘的深度不够，文化性较弱

文化是旅游的灵魂。文化旅游创意产品作为文化的载体，应当承载着不同的地域文化，反映出不同的文化源。然而，很多景区都存在着“重资源、轻文化”的错误发展理念，未对当地文化进行深入挖掘，使得文化旅游创意产品市场上鲜见富有创意和文化内涵的商品。更有甚者，靠着一知半解对文化进行了错误的解读，误导了游客的文化认知。一哄而上、盲目发展，使得文化旅游创意产品开发和文化价值脱节。只有富有文化内涵的旅游创意产品才能增强游客对地域文化的认同感。文

化性欠缺是制约文化旅游创意产品开发的又一重要因素。

三、谋破之道——提升文化旅游创意产品开发的路径

人们之所以离开居住地外出旅游，就是为了赏心悦目，体验和感受别样的文化氛围或生活环境。正如中国旅游研究院院长戴斌所说："对于大众而言，他们需要在旅程中看见美丽的风景，听见历史的传说，更需要当下的品质生活，需要与其日常生活相类似的稳稳的幸福。"因此，文化旅游创意产品开发的谋破之道在于提升文化旅游创意产品的地方特色、品牌特色和文化特色。

（一）根植于当地优秀文化，培育体现地方特色的文化旅游创意产品

好的文化旅游创意产品应该是精品，能体现当地文化特色，成为地域文化的符号。地方特色是文化旅游创意产品的重要特性之一。这点从中国旅游商品大赛和各省市举办的文化旅游创意产品大赛将"地域性"作为第一评选标准可以得见。细看2018年中国旅游商品大赛金、银、铜奖获奖名单，获奖的旅游商品都凸显着地方特色。地方文化有目的、有创意的融入旅游产品，在满足旅游者高层次精神需求之外，还能满足旅游者对于异地地方文化的高度认同体验。因此，文化旅游创意产品开发必须根植于当地优秀传统文化沃土，提炼旅游地地域性的文化符号，才能开发出具有地域特色、富有创意的文化旅游创意产品，才能实现经济利益和社会利益的双赢，保持旅游地的竞争力。

（二）传统与创新相结合，打造具有地方特色的文化旅游创意品牌

品牌作为一种标识，蕴含着巨大的市场潜能。从消费者的角度来说，文化旅游创意品牌是文化旅游创意产品的品质和技术保证；从旅游景区来说，文化旅游创意品牌是其产品和服务在视觉、情感、理念和价值观等方面的综合形象，是经济价值和精神价值的双重凝聚。所以，将传统文化与现代人的休闲娱乐方式、生活方式相结合，实施中国旅游商品品牌建设工程，加强知识产权保护，打造具有

地方特色的文化旅游创意品牌，才能使消费者对文化旅游创意产品的品质更为放心，引起消费者的购买欲望，为文化旅游创意产品开发可持续发展提供动力和保障。

（三）深入挖掘文化资源，提升文化旅游创意产品的文化内涵

旅游已经成为一种生活方式，一种文化时尚，文旅融合已是大势所趋，旅游购物成为重要的文化消费方式。要实现旅游业持续健康发展，就要转换发展方式，注重文化内涵，深入发掘当地的文化元素。而文化旅游创意产品开发就是旅游业转换发展方式的一个绝好途径。好的文化旅游创意产品应当是能承载和展现旅游地独特的地域、历史、人文等元素，蕴含文化、审美、实用等价值，可成为旅游经历最佳见证的产品。文化旅游创意产品开发要丰富内在，在保护中华优秀传统文化、延续历史文脉的基础上，实现文化的有机注入。做好文化旅游创意产品开发，首先需要对旅游地地域文化、风俗习惯有深入细致的了解，否则，“变味”的旅游创意产品就丧失了其文化底蕴。要深入了解当地文化，充分利用其文化美学价值和历史文化价值，在保留中实现创新。

此外，还要利用多种传播模式，拓展文化旅游创意产品开发新渠道。文创产品并不拘泥于实体产品，各旅游景区要拓宽设计思路，以影视、动漫、移动终端App、文化体验活动等多种形式作为文化旅游创意产品的载体。文化旅游所应传达给人们的美，不只是在厚重的历史文化中，也应能在人们的日常生活中找到痕迹，这就是文化旅游创意产品的功用所在。文化旅游创意产品应如文创产品一样，不仅仅是一个展示品，更重要的是“飞入寻常百姓家”，融入大众的日常生活当中。文化旅游创意产品应该成为一种生活场景化或者生活实用化的一种诉求[3]。

文化旅游创意产品开发是践行“创新、协调、绿色、开放、共享”新发展理念和“融合发展”的必要选择。以文化创意模式对旅游产品进行开发，使更多的特色文化经过挖掘、创造，成为新的“引力源”。文化旅游创意产品让文化与市场对接，实现经济效益和社会效益的双丰收。

参考文献:

[1] 申冰.洛阳地域性旅游文化创意产品开发研究[J].洛阳师范学院学报,2016(3):20-23.

[2] 张婧.从品牌锻造到跨界融合:文创产品开发迎来新机遇[N].中国文化报,2016-06-01(5).

[3] 鲁音.文创产品不止于生活点缀[N].中国文化报,2018-03-22(11).

浅谈三国文化背景下文化旅游创意产品的合理开发

——以许昌市三国文化旅游创意产品开发为例

刘冰(河南省许昌市图书馆)

一、文化创意产品的内涵和特征

文化旅游创意产品一般是以文化、创意理念为核心,是人的知识、智慧和灵感在旅游产品方面的物化表现。所谓文化旅游创意产品,就是其创意来自文化的旅游产品设计,主要是透过旅游文化器物本身所蕴含的文化因素,予以分析转化成设计要素,并运用设计为这文化因素寻求一个符合现代生活形态的新形式,并探求其被使用后给人精神层面的满足程度。文化旅游创意产品应具备文化性、故事性和实用性。

二、三国文化的内涵

三国文化以独有的色彩和内涵,闪耀于中华民族的史册上。三国文化,是三国时期的史实(著名人物和历史事件)在历史发展进程中嬗变、演化的一个独特的文化体系。许昌,汉魏故都、中原名城,三国名胜古迹多达80多处。史学家郭沫若赞誉:“闻听三国事,每欲到许昌。”明朝小说罗贯中写的《三国演义》共120回,其中有许昌的51回,共172处涉及许昌。

三国虽已远,雄风今犹在。如今的许昌,在焕发三国人文魅力的同时,也在与时俱进。2004年许昌市被国家旅游局评为“中国优秀旅游城市”。多年来,经过坚持不懈的创建，许昌荣膺“中国优秀旅游城市”称号，展示出了许昌魅力。

如何更好地弘扬三国文化，宣传三国文化旅游城市许昌，把文化创意思路与许昌三国文化旅游相结合，进而提升城市文化旅游品位成了许昌这座汉魏故都发展的当务之急。

三、文化旅游创意产品开发提升旅游城市文化品位

2013 年 12 月 30 日，习近平总书记提出：“要系统梳理传统文化资源，让收藏在禁宫里的文物、陈列在广阔大地上的遗产、书写在古籍里的文字都活起来。”

让三国文化活起来，更好地传承和弘扬三国文化，以文促旅、文旅结合，把三国文化融入文化旅游当中，开发高品质的文化旅游创意产品，以提升城市文化品位。

文化旅游创意产品来源于城市文化，依托城市文化而生存。

文化旅游创意产品因其依靠文化、创意、科技等的结合，又因具备融合性、地域性等特性，体现出一定文化属性并带有深刻的城市烙印。文化创意旅游产品是历史文化积淀的当代升华，它赋予城市传统文化新的生命，是弘扬传统文化的有效载体。

反之，文化旅游创意产品又对城市文化品位的提升、城市底蕴的发掘、城市软实力的增强起到强大助推作用。

文化旅游创意产品与城市文化密不可分，属于文化产业的顶端，通过先进文化创意产品的引领，城市文化品位的提高自然水到渠成。

（一）延续城市的文脉

城市的文化记忆是文创产品的设计源泉，文化是文创产品的灵魂，文化旅游创意产品不仅呈现了精湛的传统制作（制造）工艺，具有观赏价值和收藏价值，而且提取城市文化元素，蕴含了深厚的文化底蕴。

文化旅游创意产品的开发更加有利于人们体会历史文化积淀，了解地方优秀的传统文化，增强文化的自豪感，增强人们对家乡、对祖国的热爱。

(二)提升市民文化品位

文化旅游创意产品是文化的衍生物,提高了人们的审美情趣,也是对传统文化的推广和传承。在弘扬城市历史文化的同时,也满足了大众的文化消费需求,将文化和生活有机地结合在一起,引入文化内涵并嵌入了市场的需求,把历史存在与人们精神层面的文化需求转化为实物,潜移默化,这是一种对于人们精神层面的滋养,可以明显提升市民的文化品位。

(三)提升城市旅游文化品位

文旅结合,把具有地域特色的文化变成可以带走的文化。将文化和生活有机结合在一起,不仅将中华传统文化及地方特色历史文化融入,又突出时代特征。造型优美、古朴大方、寓意深刻,集艺术观赏性、生活实用性为一体,创新性、艺术性、实用性、互动性于一身的文化旅游创意产品,为城市旅游文化产业的发展提供动力源泉,加快城市旅游文化产业升级,提升城市旅游文化品位。实现文化衍生产品的实物化和商品化,进而推动文化产品消费,提升城市形象。

(四)增强城市文化软实力、提高城市综合竞争实力

成功的文化创意旅游开发产品,不仅是一张靓丽的城市名片,还体现出城市文化开放的态度,为城市间文化交流、推介城市文化起到强大助力作用。

四、许昌三国文化创意产品的开发现状

三国文化旅游创意是以三国文化为载体的文化旅游创意活动。许昌市三国文化旅游创意产品的开发还处于起步阶段,但已经初步具备创新意识。

(一)举办文化创意产品创意大赛提升城市文化品位

许昌市为促进文化旅游创意成果转化,营造创意创新氛围,增强文化软实力和

城市竞争力,2016 年举办了“魅力许昌”文化旅游创意大赛,吸引了来自全国各地 300 余家文化企业,参赛作品涵盖三国故事、三国人物主题形象,这些作品设计精巧、独具匠心,把许昌的历史文化与文化旅游创意融合在一起,集艺术与实用性于一体,展示了许昌的三国文化魅力。

许昌有着浓厚的历史底蕴和人文历史,三国文化是许昌城市形象的重要载体。让三国文化精神具体化,融入市民生活中。将城市的历史文化与创意融合在一起,集艺术与实用性于一体,是此次大赛的丰硕成果。

文化旅游创意产品带动创意生活,文化旅游创意大赛引导大众参与,是文化建设的生动实践。许昌市文广新局把这次文化创意大赛成果结集成册,2018 年由河南人民出版社出版《许昌市文化创意精品年鉴》。

文创大赛是一次打造三国文化文创产品的有益尝试,标志着许昌市在文化旅游方面的政策层面上已经有了创新意识,并且在实践方面的初步尝试已经取得了不俗的成绩,不仅提高了许昌三国文化旅游的知名度,而且涌现出一大批优秀作品和人才,为下一步的文化旅游创意产业化打下了坚实基础。

(二)创造三国 IP 形象,受到市民游客欢迎

2018 年许昌三国文化旅游周在许昌举行。在新闻发布会上,呆萌的三国 IP 形象“大瞒”“小瞒”引起社会各界广泛关注。“大瞒”和“小瞒”以曹魏文化代表人物为原型,“大瞒”的形象参考三国时期文官的服饰特点,是智慧和正气的代表。“小瞒”的装束则是依照三国时期武将的服饰特点,是个勇敢又爱“耍贱”的将士。两大 IP 形象亦正亦奇,一文一武,结合了许昌的三国文化精髓和时下流行的萌文化,让人能够更直观、更轻松、更深入地品味许昌三国文化底蕴。“大瞒”“小瞒”和到场嘉宾一起参与了“把美丽许昌寄出去”活动首发仪式。这项活动受到了市民和游客热烈的欢迎。

(三)曹魏古城,三国文化元素与建筑浑然天成

2017 年,许昌实施了曹魏古城文化产业建设项目。2018 年曹魏古城的建成,把三国曹魏文化资源变成了资产,让遗迹建成了盛景。大到建筑风格,小到古街青

石板上的三国故事石画、灯柱上曹操亲题“衮雪”的纹样，这样的演绎无不体现出浓厚的三国文化底蕴。在古街上，除了随处可见的“曹”字旗帜，还出现了三国文化旅游主题文创商店以及三国仪仗、三国故事表演。

五、三国文化创意产品的开发优势及短板

许昌的文化旅游创意产品开发，立足于许昌厚重的三国曹魏文化，是三国文化的衍生品，以三国文化为底蕴，使许昌三国文化资源与现代设计理念相融合，逐本溯源，致敬传统，让三国文化特有的基因活跃起来，弘扬了许昌本土的三国文化。但从总体上看，三国文化旅游创意产品吸引力不强，影响力不高，所占市场份额较小，目前还处于创意产品开发的初级阶段。

三国文化创意产品的开发优势是知名度较高，曹魏文化独具地方特色。

在许昌，曹魏遗迹随处可见，相关传说成百上千，在许昌，处处可见深刻的三国文化印记。许昌从2007年每年坚持举办三国文化旅游周、三国文化推广活动、旅游商品展销活动等。2007年，许昌推出曹魏故都——智慧之旅，其中，曹丞相府景区在内部设计、装饰上采用烙画、数码制作、三维动画等技术手段展现曹魏建安文学、建安七子人物的新型文化创意方式，给游客以穿越时空的新型互动旅游体验。2018年建成的融合三国文化要素的古建筑——曹魏古城，处处体现三国文化元素，在曹魏古城里还第一次出现了三国文化创意礼品商店。

在政府引导下，经过近年来的经营，三国文化旅游的观念深入人心，城市文化旅游品牌意识有了一定程度的提升。

三国文化创意产品开发的不足是文化旅游创意产品开发水平低且分布不均匀，资源开发利用率低，开发面较窄，很多资源还未开发。

（一）许昌市三国文化旅游产品的开发水平低，分布不均匀

许昌三国文化旅游产品对曹魏文化的挖掘深度不够，各自零散开发，力量薄弱，同质化现象普遍，难以形成合力。

目前文化旅游市场上反映三国文化的旅游产品数量很少,更谈不上文化创意,仅在2016年文化旅游创意大赛中出现部分优秀三国文化旅游创意产品,2018年三国文化周开幕期间出现了“大瞒”“小瞒”的IP形象,在曹魏古城有了三国文化创意礼品商店,灞陵桥景区只有很少的剑蜡等旅游纪念品。此外,三国文化旅游创意产品开发基本上不成规模,零散分散是其特点。

(二)三国文化旅游产品类型较少

在文艺创作领域,三国文化创意产品的类别文艺方面仅涉及如文学、绘画、豫剧、工艺,手工加工类如钧瓷、根雕。从总体上看,类别较少,资源利用率低,产品开发级别不高。涉及三国文化饮食、三国地方特色文化、传统服饰文化的钱币、书画、文具、头饰、服装、玩具等的开发基本上是空白。

(三)现有的三国文化旅游产品缺乏创意

现有的文化旅游产品仅仅有纪念邮票、剑蜡等,与时代创意相结合的文化艺术类的产品相对较少,结合科技手段的动漫、游戏等产品则更加短缺。

针对许昌三国文化旅游产品的现状,如何合理开发三国文化资源,开发出符合许昌三国文化特色创意产品是我们亟待解决的问题。

六、展望

许昌的三国曹魏文化厚重的历史渊源闪耀着灿烂的光芒,三国文化对游客的吸引力很强,三国文化资源开发潜力巨大。许昌三国文化旅游产品开发目前处于初级阶段,开发水平不高,资源开发率低,发展不平衡,需要政府加以扶持,给予好的政策理论环境支撑,培养一批专业人才,打造专业的产业园区,为许昌三国文化旅游创意产品开发创造良好的发展条件。

(1)政府出台文化创意产业政策,为三国文化旅游产业化提供政策保障,实现文化旅游的跨越式发展。

(2)文化旅游融合文创意识,文旅结合,打造地方特色产品,把创新意识贯穿到三国文化产品开发的整个过程中去,为三国文化旅游产业化提供理论支撑。把三国饮食文化、服饰文化与传统手工艺相结合,可创作出相应的玩偶、文具、器具;把三国文化与许昌传统土特产如香烟、钧瓷等相结合;把三国文化和现代科技手段相结合,创作出游客喜闻乐见的动漫、游戏等文创产品。

(3)打造高质量的三国创意文化生产园区,培养一批高素质的三国文化创业产业人才,使得三国文化创意产业化、规模化。

许昌三国文化产业园区初具雏形,由梦回许都、关帝弘义、许君以昌三部分组成。三国文化产业园实施于2014年至2019年,依托深厚的三国文化底蕴,整合许昌三国文化资源,与曹丞相府、春秋楼形成紧密型文化旅游集群,打造文化旅游产业的优势产品。

对现有三国文化产业园区加以合理利用,培养一批高素质的专业文创人才,为三国文化旅游产业化提供智力支持。加快许昌三国文化旅游创意产业的高效规模化发展。

(4)提升区域化合作水平,提高三国文创产品竞争力,提高城市竞争力,实现可持续发展。

加强国内具备三国文化历史背景的城市之间三国文化创意产业经贸合作,以三国文化为契合点,三国文化创意产品开发为平台,加强省际、城际间的合作,实现三国文化旅游创意产业的跨越式发展。

七、结语

文化是城市的灵魂和生命力,创新是城市发展的动力。以文化创意的形式,在传统和现代之间搭建一座桥梁,培育底蕴深厚又生机勃勃的城市新文化,提供丰富多彩的文化旅游创意产品,让文化融入百姓生活,已成为一个优秀文化旅游城市奉行的重要理念和发展趋势。成功的文化旅游产品创意和开发,会增强城市的文化吸引力、影响力、亲和力,有利于城市文化产业的提升、城市品位的提升,从而实现城市文化全面、协调、可持续发展。

城市因创新涌动活力，文化因创意而精彩，城市因文化旅游创新更具发展潜力。

文化，是城市发展的源泉，也是提供独特旅游体验的灵魂所在。为游客呈现独具地方特色的三国文化，更好地弘扬三国曹魏文化，提升城市内涵和气质，提升城市软实力，以一座优雅又开放的许昌传承三国文化精神，创新创意助力许昌三国文化产品开发，使古风焕发出新意，与时俱进，是时代赋予许昌这座古老又年轻城市的历史使命。

参考文献：

[1] 郑彦松，高长春. 发展文化创意产业提升城市竞争力[J]. 现代商业，2014(6)：66－68.

[2] 杜明铭. 基于旅游城市背景下文化创意产品的设计与开发之探讨[J]. 现代装饰（理论），2016(6)：87.

[3] 朱靖雯. 基于文化创意视角的许昌市三国文化旅游开发研究[D]. 开封：河南大学，2013.

[4] 史友仁，孟德善，周进勋. 许昌三国大观[M]. 郑州：中州古籍出版社，1996：1－274.

探讨学生全面参与研学旅行活动的新途径

罗天纵(北京市第171中学)

2016年12月19日,教育部等11部门印发了《关于推进中小学生研学旅行的意见》,要求各地将研学旅行摆在更加重要的位置,推动研学旅行健康快速发展。这一新生活动在推广中出现了一些问题。例如:不少旅行社、培训机构以“研学旅行”之名,以营利为目的,开展只游不学、走马观花、名不符实的“暑期游学夏令营活动”;部分学校对于研学旅行活动不上心,以应付心态对待,导致活动安排不合理,只游不学、枯燥无味,使研学旅行活动变得跟普通旅游一样……这些问题的出现,究其原因是目前研学旅行活动尚处在一个逐渐探索积累经验的阶段,国家缺少统一的规范和具体实施细则。因此,探讨学生全面参与研学旅行活动的新途径很有意义,不仅是一种对研学旅行活动规范化的探讨,更是一种推动我国将应试教育体制转变为素质教育体制的重要尝试。

一、学生全面参与研学旅行活动主题的创新

以往研学旅行活动的主题通常是由培训机构或者学校的老师制定的,没有学生的参与,同学们缺乏积极性与主动性,感到厌烦与无聊。

为了更好地让同学们对研学旅行的活动充满热情,研学旅行活动主题的创新就是在决策研学旅行活动主题时加入学生的思想,让学生全面参与研学旅行活动。首先,由老师选出几个研学地点和主题,供同学们挑选;然后,同学们选出最感兴趣的研学地点和主题;最后,由学校老师和学生代表共同审核,确定研学地点和主题。这样既可以很好地让同学们对研学主题感到亲切,增强主动性、积极性,还可以激

发同学们在研学旅行活动中学习的动力。

二、学生全面参与研学旅行内容讲解的创新

以往研学旅行活动通常是导游或者老师一个主题讲到底,一个内容反复讲,一个景点几分钟。蜻蜓点水,一点而过,根本起不到学习教育的作用。这种做法,不仅会让同学们对研学旅行活动感到厌烦,而且还会增加学生家庭的经济负担,甚至给我国素质教育体系建设带来极大的阻碍。

笔者的创新是将以往研学旅行内容讲解由导游或老师改变为以学生为主。具体是在研学旅行过程中,不仅仅让学生看景点、听讲解,还要增加一些以学生为主的互动环节,将以往被动地看和听,改变为主动地研究和讨论。比如参观长城时,老师在参观前就可以提出一些关于长城的问题,像两个烽火台之间大概有几个箭孔,如何设计的,作用是什么,这样就可以让同学们与"景物"之间不仅只是看与被看的关系,更有一种互动的过程。对同学们不好理解的内容,我认为应多留出一些时间,加上老师的循循善诱、耐心教导,把景点知识通俗化、简单化,从而让同学们更好地消化与吸收知识,为实现中华民族伟大复兴梦积蓄自己的历史文化知识能量。在讲解方面,这条新途径所给出的方向是让同学们自己讲。因为一些景点导游的讲解可能并不准确,而且还会夹带一些错误的信息。但是让同学们讲,他们不会出错吗?当然会,但是,笔者的创新是让同学们进行辩论,小组之间进行 PK,看看哪个组查出的资料更全面、更具体,结合实际讲得更生动、更有趣。这种创新的方式,不仅可以让同学们获得快乐,更可以培养同学们一种勇于挑战权威的自主意识和结合资料探讨问题的创新精神。

三、学生全面参与研学旅行总结的创新

每次研学旅行结束后都有一次总结,通常是由学校统一进行。但是这种方法

无异于填鸭式教学,同学们只能被动地接受却不能主动的出击,因此,学生的收获较少。

笔者的创新就是把同学们分成一个个学习小组,指派几位组长,让组长在研学旅行过程中记录每位同学的表现,最后交由老师,经老师审核通过后,小组内进行总结。这样的方式不仅可以让同学们认识到自己此行的所得与所失,还可以在研学旅行的过程中增强自主管理、自主创新的能力。

创新,意味着一次进化。因此,学生全面参与研学旅行活动新途径,不仅是学生通过研学旅行活动加强实践机会的途径,还是一种让学生更好地获得知识、收获成长的好方法,更是一种对我国教育体制转变的有益探索。

新课改下的课堂教学与社会有效资源的融合利用

王丽霞　刘秀洪　靳利娜(首都师范大学附属玉泉学校)

为适应新时代的发展,按照"立德树人"的要求,2015 年秋季实施的新课改要求中学生每学年每个学科参加的社会实践活动的课时占各个学科课程的 10%,这就要求学生必须参加实践活动。基于此,我们开始探索新课改下的课堂教学应如何开展社会实践活动,如何有效利用社会资源。在文旅、研学中,首先改变观念,才能更好地与社会资源整合。结合我们曾经开展过的几次活动,主要从以下几个方面做研究探讨。

一、课题引领课堂教学的变革,改变观念

我们常说:"读万卷书,不如行万里路。"在新时代高速发展的过程中,对学生核心素养进行全面培养的研究中,传统的教学形式已经不能满足师生的需求。因此,我们引导学生走进社会大课堂,开展综合社会实践活动。学习在路上,开始我们的研究之旅。我们发现以课题为引领,寻找有效的社会资源,开展馆校合作学习,会收到事半功倍的效果。

2014 年秋季,我们申请了一个关于如何将传统文化与社会主义核心价值观相融合并运用自主学习促进师生发展相关的课题。在研究课题的过程中,我们就关于课堂教学提出三个改变。

(一)改变学科教材界限,由单一的学科变为跨学科教学

通过整合相关教学内容,建立大课程观。政史地学科老师共同研究教材,开展联合教研活动,把相关知识进行整合,促进学科知识间的贯通。在课题引领下,注

重学科整合，团结一心，敢于创新，探索出备课流程：共同研讨——确定主题——任务分工——独立准备——交流研讨——确定分享——共同实践——积累成果——反思提高，使教育教学活动再上新台阶。第一次研究《由地震引发的思考》，成为跨学科教学的第一课，在历史学科教材中，探索地震的历史；在地理学科教材中，探索地震的分布；在政治学科教材中，探索地震的防护措施，上升为心灵不能地震。之后又探求与语文、英语、物理等学科进行跨学科整合。探索成功的一课是《灿烂的中华文化》。我们与国家典籍博物馆合作，通过实地考察研究，与博物馆讲解员共同协商选择适合学生学习的内容，设计相应的学习形式、学习流程；与工作人员一起准备，从书桌的摆放到投影位置，从学习材料的准备到讲解老师和指导老师的配备。经过筹划，完成了听、看、写、寻、展（听文字背后的故事、看文字的演变、写甲骨文书法、寻灿烂的中华文化，展示优秀的成果。）系列活动。师生受益良多，无论是从内容上还是形式上，都让教学者与学习者眼前一亮，探索出更适合学生成长发展的一条路。

图1　写——学生学写甲骨文

（二）改变传统课堂为社会大课堂

综合社会实践活动的开展，课堂不再是单一的教室。校园、操场、博物馆、音乐厅等都可以成为学习的场所。学生学习的地点不再是一个教室。《灿烂的中华文化》一课把课堂设在了典籍博物馆的金石拓片展厅，为学生创设了一个全新的学习环境。通过馆校合作，利用社会资源，拓宽学生视野，进一步培养学生动手动脑的能力。

图2　学生在国家典籍博物馆上课——学生展示学习成果

(三)改变传统教学一人授课为多人授课的理念

以学促教,改变教师讲学生听的形式,教室里不再是一个老师授课,而是几个老师合作授课。由一言堂变为多言堂,引入社会资源,全学科教师一起合作。课堂教学不再是满堂灌,而是把培养身心健康、品行高尚、学业优良的中学生为目标,在教学中以学生为中心,分小组合作学习。让学生在学习中深刻体验到学习的乐趣,重视对学生的核心素养的培养。

二、馆校合作提升课堂教学的效率

利用博物馆的丰富资源,拓宽学生视野,提高学生学习的效率。国家典籍博物馆中的各个展厅,展品内容丰富多彩。以甲骨文展厅为例,展品涵盖了文字的演变过程,从聆听文字背后的故事到学习甲骨文字的刻写,都一一印在学生的心中。利用讲解员详细的讲解,弥补任课教师课上教授知识的不足,由此大大丰富学生学习的内容,增强学生的文化底蕴。在刻写甲骨文中,是对学生动手能力的培养。我们带着学生去南京博物馆参观学习,分组进行,利用展厅的丰富资源,形成学习资源,在分享交流时,获得丰富的信息。由一个人的思想,共享为多人的思想,课堂效率得到很大提高。

三、社会资源的融合利用,促进学校的发展

通过馆校合作学习,不但从学习内容上,丰富了学生的学习生活,而且从实践能力上,也进一步提升学生综合社会实践活动的能力。同时也促进教师不断探索有效资源的利用,以此适应新中高考的变化,在今后的工作中,改变观念,转变身份,不断学习。由教到学,由学到引,促使教师不断深入研究适合学生发展需要的实践活动。加强馆校合作学习,让学生的学习生活更丰富,让教学质量不断得到提升,进一步促进学校的发展。

推开世界的门

——国家图书馆研学旅游初探

王萌萌　黄伟杰(国家图书馆)

国内有关研学旅游的相关理念于 2013 年 2 月首次正式提出,国务院颁布的《国民旅游休闲纲要(2013—2020 年)》,对研学旅行做出了详细地解释,"有效开展中小学生研学旅游推广工作"的相关理念也是首次以正式文件的形式出现。在此基础之上,2014 年 8 月 21 日,国务院通过并出台《关于促进旅游业改革发展的若干意见》提出有效推广"研学旅行"的进一步展开,这也是"研学旅行"首次的设想第一次出现在中小学生日常教育的内容之中[1]。

作为国家总书库,国家图书馆一直秉承"传承文明、服务社会"的理念,为传承发展中华文化做出了卓越贡献。随着大众旅游时代的到来,图书馆的身份又悄然转变。作为储藏知识和文献的载体,国家图书馆如何契合时代需求,在研学旅游活动中不断创新,是需要我们积极探索的。

一、研学旅行的起源和发展

自古以来,游历学习就是古人习得知识、增长见识的手段之一,也是古代人较为盛行的一种学习方式。虽然古语有云"读万卷书,不如行万里路",但是实际上学习的过程是一个实践与认识相互作用的过程,既要博览群书,也要通过"行万里路"的方式增长见识,并有效地将书本上的知识与实际联结起来,这实际上就是研学旅行的基本形式:通过游学的形式进一步寻求文化的真谛,同时进行深入性的探究。古有儒学始祖孔子率众弟子游学列国,在进行礼乐文化弘扬传播的同时,对各地的风土人情予以考察，开创了世界上研学旅行的先河；玄奘西行，鉴真东渡，都是以研学旅行的方式进行佛教文化的交流与传播；正是研学旅行让诗仙李白在祖国秀美河山的游历中创造了中国诗歌史的又一高峰；同样，《梦溪笔谈》也是沈括随父旅游研修的成果。

在国外，研学旅行盛起于16、17世纪的欧洲，尤以“大游学（Grand Tour）”运动最为著名。彼时研学旅行主要是以“漫游式修学旅行”的方式在英、德、法、意等国家流行。在二战之后，以其有效地对学生视野加以拓宽、有效地对跨文化理解与交际能力进行提升等特点，被纳入中小学生的教学内容当中[2]。日本在明治维新时期“修学旅行”一词才被正式提出，并且逐渐在日本全国发展起来。

在我国，现代意义上的研学旅游兴起于2009年①的广东地区，从那时起逐渐将法定节假日的选择性游学旅游活动纳入学校的教育工作计划之中。2016年，《关于推进中小学生研学旅行的意见》在教育部等十一部门得到一致通过，研学旅行得以进一步地发展起来，且成为中小学生学习体系之中必经的过程，这标志着我国研学旅行步入发展的新阶段[3]。2017年被业内人士称为研学旅游的元年。

二、研学旅行的目的和研学旅行的意义

（一）研学旅行的目的

研学旅行主要是指，通过旅行的方式，进一步进行拓宽学生的视野，进一步提升其知识的广度与深度，整个旅行方案的制定必须以教学需要、学生年龄与性格特点、区域文化特点为基础。

研学旅行是在各国游学文化交融的基础上进一步形成的一种教学模式，有效地传承与弘扬了“读万卷书，行万里路”的传统治学理念，并为素质教育的发展提供了新的教学内容与手段。在游学的过程中，学生的自理能力、创新精神和实践能力等多项能力得以有效提升。因此，研学旅行这一教学手段有着较高的品质与附

---

① 有说是2008年。

加值,是素质教育中不可或缺的一个重要部分。

(二)研学旅行的意义

"商、养、学、闲、情、奇"旅游六要素的提出,标志着研学旅行这一旅游形式的确立[4]。由此,研学旅行作为旅游产业发展的一个增长点,必将成为旅游业的重点发展方向。

二、三十年前,在创汇导向、入境为主、团队观光为主要运作模式的时代,市场是封闭的,产业边界是清晰的,政府和产业对学术界基本上没有理论创新和思想引领的要求。未来,研学旅游势必会走向中高级阶段。

恰逢这么一个改革、开放和稳定的时代,探讨研学旅游是时代的需求。

三、国家图书馆研学活动的现状和趋势

(一)与学校和相关教育研究机构深度合作

进一步有效促进学校与相关教育机构之间的合作,有效构建研学旅行基地,并逐步对对应的接待体系进行完善与优化,是国务院 2014 年第 31 号文件中关于研学旅行的重点。以当地自然、文化以及教育资源为依托,进一步建成完善的研学旅行基地。为了有效提升典籍博物馆在社会中的知名度,建立健全国家典籍博物馆公共教育体系,对博物馆与图书馆业务合并的进程加以推进,以"名家带你走进样式雷""名家带你写春联"等为主的"走进典籍博物馆大课堂"系列课程活动正式进入到中小学生的学习与生活之中。

目前,"走进典籍博物馆大课堂"和"将博物馆带回家"等活动已经逐渐形成典籍博物馆特有品牌,获得了在京各大中小学的认可[5]。

除了让孩子们在展览中吸收知识,从文献资源建设角度看,图书馆和教育研究机构也可以进一步合作。目前国家图书馆为 13 岁以下的小朋友提供少儿馆服务,16 岁以上参照成人图书馆服务,13—15 岁的青少年需要监护人陪同办理阅览证,之后可以自行去阅览室阅览图书。但是,阅览室尚未对这个年龄段的阅览需求提

供书目细分，也就是没有专门的青少年的阅览区域。当代中国的青少年是最具活力和最有想法的读者人群之一，国家图书馆可以请学校等教育研究机构帮助图书馆相关部门甄别筛选，以及购买青少年想阅读的书目，开辟专区供孩子们阅览和借阅等等。

（二）研学活动的可持续发展

用户黏性很重要，国家图书馆可以提升市场集中度，为已经认可我们服务的在京学生用户提供更加周到和细致的服务。

国家图书馆的统计显示：暑假期间，很多中小学生到咨询台来咨询如何检索四库全书、甲骨文等。经询问得知，多数是中小学校布置的暑期社会实践作业。笔者认为，国家图书馆可以与中小学校合作，主动推送类似服务。例如，2018 年 9 月 28 日—12 月底的《永乐大典》展览和 2018 年 10 月 9 日—10 月 16 的《四库全书》特展，《永乐大典》和《四库全书》作为国家图书馆的四大专藏，是压箱底的宝贝，在展览期间孩了们可以一次尽览，可谓是过“文化大年”。

除此之外，鼓励青少年利用寒暑假和节假日来国家图书馆参加志愿服务、游戏和比赛，组织青少年利用图书馆文献，探求检索技巧，提高掌握文献分布的技能等。

四、国家图书馆研学旅行活动建议与思考

首先，研学旅行的发展，安全是重中之重。

旅游质量评价的第一指标就是安全性。这一旅游产品形式的主要消费者是中小学生，他们自我保护意识比较薄弱，所以安全问题需要我们着重关注，相信也是各位家长最为关心和关注的。

旅游安全的涵盖面较广，主要涉及交通、食宿以及活动的多个方面，不一而足。除了在日常学习和生活中加强安全教育，研学旅游要给学生购买意外险等保险，还要配备保健医生。

针对不同研学项目，国家图书馆相关部门还应建立安全保障体系和应急机制。

一方面,在国家图书馆现有安全保障机制下加强信息沟通及防范,使工作的有效性与准确性加以提升;另一方面,针对突发事故,要能在第一时间对事故现场进行控制,有效地将损失降到最低。

其次,研学旅行要特色鲜明而且与时俱进,能够成为学校教育之外的有效补充。

目前社会上研学旅行的项目很多。笔者的孩子曾在今年暑假先后参加了学校组织的内蒙古研学和尤里卡教育组织的丝绸之路游学。在老师们的指导和协助之下,孩子通过参加活动不仅对团队协作精神有了更加深刻的了解,与此同时,也逐渐建立了团结友爱、独立自主的意识,还在天文和历史的知识素养方面获益良多。

2018 年 10 月,海淀区研学旅游季之"阅读之旅"在国家图书馆(国家典籍博物馆)举办,这是连续三年举办的经典活动,是为青少年精心打造的优质传统文化活动,目的是更好地促进青少年增强民族自豪感和文化传承意识。

教育是立国之本,而课堂不应该只是在教室,社会也是大课堂。一直以来国家图书馆在为读者服务上从未缺席,而且越做越好,逐步引领潮流。今后,国家图书馆会一如既往地不断做出品牌项目,成为学校教育之外的有效补充。

最后,无规矩不成方圆,图书馆研学旅行标准亟待制定。

国家图书馆在全国图书馆界地位首屈一指,它的服务和举措在公共图书馆界有很强的示范作用。建议国家图书馆可以建立图书馆游学服务的相关标准,然后指导地方图书馆开展相关服务。

研学旅行的发展,有效地提高了国民生活质量,加快了国民自身素养提升的速度。目前,国内的研学旅行尚处于初级阶段,需要对其文化属性与运行原理进行深入探究,针对性地进行相关特色文化研学旅行产品的研发与推广,创建以文化旅游为特色的研学旅行品牌。

图书馆作为知识宝库,承载着人类的文明和记忆。熟悉图书馆文献的使用,必将打开一扇通往新世界的大门。与旅游业的深度结合是我国众多图书馆和博物馆尚未深度涉及的空间,其前景广阔。相信在国家的重视下,在相应政策的支持下,图书馆研学旅行的发展定会潜力无限。

参考文献：

[1][4] 陶友华. 基于文化旅游资源的研学旅行[J]. 品牌(下半月),2015(10):263-264.

[2][3] 刘璐,曾素林. 中小学研学旅行研究进展与反思[J]. 教育探索,2018(1):8-12.

[5] 张立朝,林世田,刘仲瑄. 典籍展览 启迪人生——国家典籍博物馆开馆一年来的思考[J]. 新世纪图书馆,2015(10):25-28.

研学旅行课程化的实践与思考

索利刚(中湘鑫盛教育科技有限公司)
线磊(北京育才学校)　张森(北京实验学校)

中小学生研学旅行是由教育部门和学校有计划地组织安排,通过集体旅行、集中食宿的方式开展的研究性学习和旅行体验相结合的校外教育活动。研学旅行不同于简单的旅游活动,它是一门学生修习的课程,需要设计者和实施者将历史文化、人文地貌、生命科学等知识有机地组织在一起,多层次、多角度地引导学生发现、思考、学习。要想实现学生学有所成,避免只游不学的情况发生,合理设计研学课程便成为必不可少的重要环节。

一、研学旅行的相关理论和原则

(一)"知行合一"理论

"知行合一"理论是明代思想家、哲学家、教育家王阳明提出的。他说:"今人却就将知行分作两件去做,以为必先知了然后能行。我如今且去讲习讨论,做知的功夫,待知得真了方去做行的工夫,故遂终身不能行,终身不知。此不是小病痛,其来亦非一日矣。某今说个知行合一,正是对病的药。"

陶行知先生也在《教学做合一》里写道:"教学做是一件事,不是三件事。"

(二)研学旅行应遵守的原则

(1)教育性原则:研学旅行要结合学生身心特点、接受能力和实际需要,注重系统性、知识性、科学性和趣味性,为学生全面发展提供良好成长空间。

(2)实践性原则:研学旅行要因地制宜,呈现地域特色,引导学生走出校园,在与日常生活不同的环境中拓宽视野、丰富知识、了解社会、亲近自然。

(3)安全性原则:研学旅行要坚持安全第一,建立安全保障机制,明确安全保障责任,落实安全保障措施,确保学生安全。

二、研学旅行课程的设计思路

(一)拓宽学生认知的广度,掌握综合知识和技能

研学旅行课程的知识观要着眼于增长见识和丰富知识。苏联教育学家赞科夫曾说过:"学校有两大任务,一是传授知识,培养能力,它主要依托正式的学科课程;二是指导和帮助学生作为人的一般发展要求,在学生正式课程之外参与一系列的教育活动,从而发展自我。"研学旅行就是另一种形态的课程。学生可以走进自然、了解社会、开阔视野,通过观察、体验、操作等多元化的学习方式增长见识、锻炼能力、净化心灵。

首先,要在课程之初明确该活动要培养学生的哪些能力和素养,结合学生的身心特征,设定不同的主题,从而设计不同的学习内容。其次,课程要有一定的深度,不能只停留在参观和浏览的层面上,要让学生有体验、有思考,才能在能力和情感方面有所提升。

(二)增强学生的情感体验,培养正确的价值观和人生观

在研学旅行过程中,学生亲身感受自然,动手操作,欣赏自然之美,能形成积极的情感体验。在完成任务的过程中,学生以一种集体的形式开始生活和学习,需要处理好同学之间的关系,学会和同学以及陌生人进行沟通;学生必须服从一些命令,例如准时起床、吃饭,在规定时间和地点集合等,这种集体生活对孩子来说更能锻炼他们的能力。值得一提的是小组学习,共同完成任务是研学旅游的一种重要组织形式,小组成员在活动中有不同的分工,可以更好地协作完成学习任务。在合作的过程中,学生可以借助团队,借助同伴互助获得更多知识,有效提升见解。参

观历史遗迹,可以激发学生的爱国热情;体验科技成果,可以增强民族自豪感。总之,研学旅行中的活动可以促进学生形成积极的价值观和人生观。

三、研学旅行课程设计的要求

(一)让学生步入真实的学习情境

传统课程受课堂的限制,多为假设或者模拟的情境。研学旅行的课程不同于传统的课程,包括了课外、校外的资源。大自然、社会为研学旅行课程提供了丰富的情境,使学生步入真实的教学情境之中,使研学课程始终与相伴。以"湖南之行"的游学为例,学生站在橘子洲头,大声朗诵毛泽东诗词《沁园春·长沙》,这首词是学生在语文课本上学过的内容,而当学生真正站在橘子洲头,大声朗诵,才能真正感受那种"万山红遍,层林尽染,漫江碧透,百舸争流。鹰击长空,鱼翔浅底"的画面,切身地体会"书生意气,挥斥方遒。指点江山,激扬文字"的豪迈之情。

图1　湖南橘子洲头

(二)整合各学科,让学习更具有综合性

传统的学校课程以学科课程为主,有明显的学科界限,而研学旅行课程突破了这一界限,融合多种学科,将与研学主题相关的课程内容融汇在了一起。使学生能够接触并领会到课堂以外的综合性内容。根据不同学段的研学旅行目标,要有针对性地开发自然类、历史类、地理类、科技类、人文类、体验类等多种类型的活动课程,实现学科整合和教师自身能力的多方向发展。各个科目交替立体形成合力,综合作用于学生能力的发展。以《一带一路》研学课程为例,在语文方面让学生感受

一带一路途经的各国的文化，以及它们和中国传统文化的交融；在数学层面通过不同的数据和图表来表示一带一路的各种贸易情况，让学生更直观地理解其经济意义；从物理层面来说，可以让学生了解绿色能源的使用和发展情况；而历史方面可以从2000多年的张骞出使西域到如今的经济贸易一体化，体会时代的变迁和"丝路"的发展；地理方面让学生了解一带一路所涉及的各个国家及它们的地貌特征。

图2　敦煌博物馆文物

图3　嘉峪关戈壁滩

(三)加强课程设计的专业性

当前，学科教师往往不能系统、综合地设计课程，且缺少课程研究和开发的能力。旅行公司也只能针对旅行目的地的地理、历史、文化等相关知识进行讲解，缺少对不同年龄段学生的针对性。因此，课程设计亟待向专业化和规范化发展。以《呼伦贝尔草原花卉种类》课题为例：在学生行程中，就安排了呼伦贝尔大学的黄教授给孩子们讲解了湿地的功能和草原植物的特性的知识，首都师范大学地理系的魏教授给孩子们分析了湿地的成因，学生在老师指导下亲手采集、制作花卉标本并进行专业编号。这些专业知识对于初中的学生理解草原花卉有很多帮助，使他们从地理、气候、功能等多方面了解草原花卉的特点，活动取得了非常好的学习效果。

图4 魏教授讲植被

图5 黄教授讲湿地的重要性

图6 学生在樟子松林采集样本

四、研学旅行课程的设计

研学旅行不同于一般意义上的旅游,它是一种综合性学习实践活动,更着重于"研"和"学"。所以,只有深入研究和精心设计出内容丰富、符合学生认知的课程,才能不断地激发学生的学习兴趣,更好地培养学生的能力,提升学生的综合素养。

(一)精选研学课程

研学旅行不是单纯的旅行,也不是单纯的学习,因此研学课程的选择要做到游、学合一。首先,课程的内容要符合学生的年龄特点,所涉及的科目应该是多元的结合,既要有各个科目的有机融合,又要有动手、讲座、实践等不同形式的结合。其次,课程的设计要深入,而不是走马观花,针对某一个问题要有细致讲解和应用。内容要科学且符合研学主题。再次,能够引起学生的兴趣,让他们觉得学有所用。

(二)精编研学手册

首先,要明确教育目标,游学活动要在哪些方面培养学生的知识和能力,提高学生哪些品格和素养,借助哪些方法和手段,形成什么样的人生观和价值观,都要有明确说明。其次，课程内容要深入，带领学生参观、听讲座等活动不能停留在走马观花的阶段，要让学生有自己的思考和深度的体验，在知识和能力上有所提升。再次，课程要多学科共同设计，评价手段要多元。我们每次的研学旅游手册设计都会由学校派出相关学科的教师代表与研学公司共同设计，根据游学地点、知识内容设计出符合学生年龄段的课程要求，让学生有所收获。此外，学科与学科之间的相互联系与相互包容也是必不可少的。

（三）注重评价的开展

研学旅行更重于“学”的一个重要环节是学生评价的开展和后期产品的制作过程。我们每一次研学旅行都会利用研学手册制定出自评和互评表格，要求学生根据活动中自己和同伴的表现完成评价，还要求学生书写研学总结。

活动结束后，为了让内容更好地落实，我们会以班会的形式进行研学旅行活动的交流总结。如学生可以通过以制作 PPT 的形式记述他们的研学过程，配上优美的图片和音乐，让全班同学共同回忆这段美好的时光；善于写作的同学可以通过散文和诗歌的形式，用文字记录下这段游学的经历；善于绘画的同学还可以制作出精美的手抄报，用于布置班级的展板，供大家继续学习。

俗话说：“纸上得来终觉浅，绝知此事要躬行。”研学旅行可以帮助学生在真实的情境下去体验各种学科知识，培养他们的各种能力，对他们加以文化的熏陶，培养他们正确的人生观和世界观，其意义非同一般。我们必须设计出具有实际意义的、专业的、综合的课程，在保证学生安全的基础上，促使孩子们多学、多见、多思、多想，从而达到培养综合能力，提升总体素养的目的。